# LES GIRONDINS DU ROUSSILLON

## Par M. G. SOREL.

Extrait du XXXᵉ Bulletin de la Société Agricole, Scientifique et Littéraire des Pyrénées-Orientales.

PERPIGNAN
IMPRIMERIE DE CHARLES LATROBE
Rue des Trois-Rois, 1.

1889

# LES GIRONDINS DU ROUSSILLON

Par M. G. SOREL.

Extrait du XXX⁰ Bulletin de la Société Agricole, Scientifique et Littéraire des Pyrénées-Orientales.

PERPIGNAN
IMPRIMERIE DE CHARLES LATROBE
Rue des Trois-Rois, 1.

1889

# LES
# GIRONDINS DU ROUSSILLON

## I

Birotteau. — Opposition de Lucia aux Maratistes. — La déclaration de guerre. — Espérances d'une invasion en Espagne. — Désillusions. — Le gouvernement accusé de trahison [1].

L'histoire du mouvement girondin à Perpignan n'a pas été écrite, à ce que nous croyons ; les renseignements donnés par Cassanyes dans ses mémoires sur cette affaire sont, en général, inexacts.

L'un des députés du département figurait parmi les victimes du coup d'État jacobin. Birotteau était un homme éclairé, qui semble avoir été très supérieur à

---

[1] Dans le cours de ce travail nous aurons souvent à citer un ouvrage publié par M. Vidal sur l'*Histoire de la Révolution dans le département*. Ce livre ne nous a guère servi. Nous aurons à y relever quelques erreurs ; nous éviterons cependant tout ce qui pourrait ressembler à une polémique.

M. H. Wallon a écrit sur cette période deux excellents ouvrages intitulés : *La Révolution du 31 mai et le Fédéralisme en 1793*, et *les Représentants du peuple en mission* ; nous aurons plusieurs fois à y renvoyer ; il n'a connu qu'une partie des documents relatifs au Roussillon.

ses collègues par l'intelligence des affaires. Il était l'ami intime du procureur-général-syndic Lucia et du président de l'administration Sérane. Quelques-unes de ses lettres existent encore et nous permettent de nous rendre compte de ses idées politiques.

Birotteau avait voté la mort du roi, mais en renvoyant l'exécution de la peine à la paix générale ; il avait soutenu l'appel au peuple et le sursis. Il est possible que, s'il eût été plus libre, il se fût hasardé à émettre un verdict mieux motivé. Dans une lettre du 24 janvier il expose à Lucia que la Convention est dominée par une poignée d'hommes qui « se disent les « seuls amis du peuple, traitant d'aristocrates et calom- « niant, sans cesse, tous ceux qui ne se mêlent pas avec « eux et n'adoptent pas leurs principes... Il faut un « miracle pour nous tirer de là... [1] »

Le 7 mars il se plaint de la violence des Montagnards ; il est heureux d'apprendre qu'à Perpignan l'esprit public soit resté pur. « Il en est bien autrement « ici, et, quelque idée que vous en ayez, ce n'est rien en « comparaison de ce qui se passe à présent, chaque « jour, sous nos yeux. L'âme s'y dégrade sans qu'on « s'en aperçoive et on est souvent étonné de se voir « coupable des mêmes excès et des mêmes injures qui

---

[1] Il est bien remarquable que, dans cette lettre, il ne soit pas fait allusion au procès du roi et à la tragédie du 21 janvier. Dans une lettre du 30 décembre, il raconte une scène violente qui eut lieu à la Convention et dit que la *lâcheté* des Montagnards « parut à « découvert. Dubois-Crancé, entre autres, reçut deux coups de « bâton sur le ventre, sans que cela ait eu de suites. Cela est affli- « geant à la vérité, mais aussi cette scène leur a inspiré une si « forte terreur qu'ils n'osent plus remuer. »

« révoltent dans la bouche des enragés. Mais il est
« impossible de parler en sens contraire à leur opinion
« sans être accablé des épithètes les plus grossières et
« les moins méritées. »

Enfin le 30 mai il écrivait à son ami : « Vous aurez
« vu sans doute le *Moniteur* et les détails du triomphe
« de l'anarchie. Il est bien douloureux, pour quicon-
« que aime sa patrie, de la voir sous le joug de neuf
« tyrans, plus despotes que celui dont *ils* ont fait tom-
« ber la tête, *mort qui nous a menés au bord de*
« *l'abîme dans lequel nous achèverons de tomber*, car
« je désespère du miracle qui pourrait nous sauver. »

Cette lettre fait le plus grand honneur à la perspica-
cité de Birotteau ; il comprend parfaitement que le
sacrifice du roi a été la perte de la République girondine.

A Perpignan les administrateurs partageaient l'horreur de leur ami pour les énergumènes parisiens. A
plusieurs reprises Lucia ne dissimule pas son dégoût
pour les anarchistes jacobins. Le 20 mars il écrivait au
général Lacuée [1] : « Il me tarde... que quelques triom-
« phes sur les Espagnols nous fassent oublier les pil-
« lages de Paris et les scènes humiliantes de ceux qui
« en sont les apologistes, après en avoir été les provo-
« cateurs [2]... »

Le 27 mars il lui disait : « Je vous fais compliment

---

[1] Lacuée était chef d'état-major de l'armée du Midi commandée par Servan. Il avait été le collègue de Lucia à la Législative.

[2] Le pillage est du 25 février ; il avait été provoqué par un placard de Marat.

« sur l'arrivée du *vertueux* député [1] qui a visité votre
« ville et a endoctriné votre Société populaire. On
« nous en annonce un de la même trempe, je me pro-
« pose de l'accueillir dignement et je vous garantis
« qu'il repartira vite s'il ne prêche pas l'ordre, la loi
« et la paix... Je ne crains ni le poignard des scélé-
« rats, ni la calomnie des agitateurs. »

Sérane dissimulait moins encore ses sentiments.
Dans la séance du 18 on lut à la Convention une lettre
disant que Gaston et Fayau avaient semé la discorde
dans le département. Nous reviendrons sur cet incident. Cette lettre était de Sérane [2].

Les malheurs de la guerre avec l'Espagne avaient
surexcité les esprits contre le gouvernement, dont les
illusions avaient été cependant partagées par ceux qui
l'accusaient.

Le ministre Pache était d'une incapacité bien connue,
aussi ne doit-on pas s'étonner qu'il ait montré beaucoup d'impéritie dans la préparation de la défense du
département. Mais il faut reconnaître que personne ne
croyait à une guerre défensive.

Depuis un certain temps déjà on s'attendait à une

---

[1] Il s'agit de l'ancien capucin Chabot qui avait engagé les Jacobins de Toulouse à dénoncer Dumouriez. Lacuée se plaignait d'être
aussi dénoncé.

[2] Nous parlerons ultérieurement du désaccord qui éclata entre
Sérane et Lucia à propos de cette lettre, dont nous ne connaissons
pas le texte. Dans la séance du 29 mai Sérane se fit donner acte de
ce que le Département avait offert de lever 3000 chasseurs de montagne, que les représentants approuvèrent cette résolution, puis
reprirent leur lettre d'autorisation. Il entendait évidemment se
créer un dossier pour sa défense. Cette décision du Département
était antérieure à l'invasion.

lutte avec l'Espagne ; l'administration avait souvent appelé l'attention du gouvernement sur l'état de la frontière pyrénéenne ; mais à cette époque les frontières du nord et de l'est exigeaient presque toutes les ressources dont pouvait disposer le Ministre.

Les 5-6 février le Département nomma des délégués pour aller à Paris s'occuper de la défense de la région et pour dénoncer Pache. Guiter et Birotteau, en recevant cette nouvelle, allèrent trouver Clavière qui approuva les idées des administrateurs de Perpignan, mais n'osa pas en parler à la Convention ; il craignait qu'il n'en résultât quelque conséquence grave.

Les députés et le Ministère étaient parfaitement au courant de la situation, mais on croyait l'Espagne impuissante ; il est probable que le gouvernement n'eût pas été fâché de renouveler la campagne étourdissante de Dumouriez en Belgique. Servan, l'un des généraux Girondins, rêvait la conquête de l'Espagne. Le 7 mars Birotteau écrivait à Lucia qu'il avait eu la veille une conférence avec Servan et les commissaires des départements du Midi : « Le résultat doit être de porter « l'armée des Pyrénées à 50,000 hommes,... de *décla-« rer la guerre à l'Espagne* et d'entrer tout de suite « en Catalogne. Je pense qu'avant dimanche cela sera « réglé. [1] »

La légèreté de la Convention dans cette affaire trouve son excuse dans les illusions singulières de l'administration locale. Le 2 février Lucia écrivait aux députés : « Malgré le dénuement où l'on nous laisse, « reposez-vous sur les vrais républicains du départe-

[1] La guerre fut votée le 7 mars.

« ment pour repousser les satellites du despote espa-
« gnol, s'ils tentaient de pénétrer sur la *terre de la
« liberté* ». Le 14 il disait au procureur-général-syndic
de la Haute-Garonne : « Malgré le peu de troupes des-
« tinées à notre défense... je ne perds pas confiance et
« j'espère qu'avant le mois de mai l'étendard tricolore
« flottera sur les bords de l'Ebre. Nos assignats seront
« échangés contre les trésors de Montserrat, contre ces
« dépôts inutiles enfouis dans les cloîtres et dans les
« archives des chapitres... Ce n'est point la force armée
« qui est à craindre mais bien la prévention qu'on a
« inspirée à la gente dévote et crédule contre une
« nation, qu'on appelle impie parce qu'elle a secoué le
« double despotisme du sacerdoce et de la royauté;
« voilà le plus grand ennemi que nous aurons à com-
« battre. »

Le 23 février il écrivait à Brissot : « Il serait temps
« que la Convention prît un parti décisif contre un soi-
« disant allié qui ne cesse depuis deux ans d'être notre
« plus cruel ennemi [1]... Prenez donc vite un parti
« déterminé qui ne nous laisse plus dans une incertitude
« désolante. » Cette lettre a une grande importance
parce que Lucia l'adressait à un ancien collègue dont
il partageait les théories politiques et qu'elle n'était pas
destinée à la publicité [2].

[1] Une des prétentions les plus singulières du gouvernement français était de vouloir forcer le roi d'Espagne à exécuter le *pacte
de famille*, alors que la base dynastique de cette alliance n'existait
plus.

[2] Dans cette lettre Lucia dit : « Le Maratisme ne fait aucun
progrès. « Nous faisons des vœux bien sincères pour que la Conven-
« tion, faisant une fois enfin justice des intrigants, nous permette de
« croire qu'elle veut, sincèrement comme nous, que tout plie sous
« l'autorité de la loi. » — On ne pouvait se montrer plus *brissotin*.

Cinq jours après il écrit au Ministre pour lui demander de renforcer l'armée et le 1ᵉʳ mars il envoie copie de sa lettre à « son cher et ancien collègue » Brissot. Il le prie de remettre cette pièce à Servan « pour qu'il « se persuade que nous touchons au moment de porter « l'étendard de la liberté au-delà des Pyrénées [1]. » Il se plaint de la nonchalance du Pouvoir exécutif, qui semble ne pas croire à la guerre ; cette indécision a donné le temps aux Espagnols de renforcer leurs garnisons. « Qu'on se hâte de nous procurer des canons, « des effets de campement et *quelques bataillons*, et « je réponds encore du succès, si l'on respecte les pré- « jugés nationaux : le fanatisme religieux est bien « exalté [2], mais que ne vaincra l'amour sacré de la « liberté ? »

Le même jour il écrit aux députés du département et se montre moins optimiste. Il dit que dans la Catalogne tout est en mouvement, que « le fanatisme a si bien « opéré que le peuple considère cette guerre comme « une guerre de religion. » Malgré tout il n'est pas effrayé : « Je pense que si les Espagnols nous surpre- « naient endormis, nous nous réveillerons pour les « vaincre. »

On comprend facilement que la crainte d'une inva-

---

[1] Il écrit le 28 février au Consul de Barcelone qu'il y a dans le département une ardeur générale pour « aller visiter la Catalogne. »

[2] Lucia écrivait à Lacuée le 20 mars que le Consul de Barcelone espérait que cette ardeur se calmerait après le temps pascal, que le Catalan « ne prend le masque de dévotion qu'à cette époque. » Il semble que l'on s'était bercé un instant de l'espoir d'un soulèvement en Catalogne. On comptait notamment sur la disette pour provoquer des mouvements populaires.

sion en Espagne, accompagnée des pillages et profanations dont Lucia se faisait fête, était bien de nature à faire réfléchir les Catalans.

On commença par quelques mesures préparatoires qui, au XVIII° siècle, précédaient souvent la déclaration de guerre. Le 28 février Lucia mandait au Ministre de l'Intérieur qu'un corsaire français avait arrêté un bateau espagnol ; il y eut sur le champ des représailles. Le 2 mars il écrivait au Consul de France à Barcelone qu'il avait averti le commerce « du danger qu'il avait « à courir de la perfidie du despote espagnol et de ses « agents. » La conduite des Espagnols était cependant assez naturelle ; ce qui n'empêche pas Lucia d'écrire le 1ᵉʳ mars au Ministre de l'Intérieur que nos voisins ont « violé la foi des traités », et il conclut : « Guerre, « guerre aux tyrans puisque ce n'est qu'à ce prix que « nous pouvons conserver une liberté qui nous est plus « chère que la vie. »

Il serait bien difficile de mettre d'accord les lettres de Lucia : tantôt il est abattu, tantôt plein d'espoir ; ces variations tiennent à la frivolité de son esprit et à son état maladif. Durant toute la durée de la guerre il en sera de même. Il eût été très important pour le département de retarder, autant que possible, la lutte avec l'Espagne : il n'y songe pas un instant.

Le 1ᵉʳ mars il mande au général Lacuée : « Le sen- « timent de la crainte m'est étranger, vous me con- « naissez assez pour en être convaincu ; mais vous ne « pouvez vous dissimuler que nous ne sommes pas en « état d'attaquer et éloignés encore du moment où « nous pourrons offrir une défensive respectable. »

Cependant il lui écrivait le 11 : « Dix mille hommes
« d'infanterie et douze cents de cavalerie suffiraient
« actuellement pour porter (à la Dumouriez) l'étendard
« de la liberté au bord de l'Èbre... Croyez un citoyen...
« qui a des correspondances sûres[1]. »

L'illusion de l'administration dura jusqu'au 17 avril : ce jour-là Lucia écrivait aux Commissaires de la Convention à Béziers : « La fuite de Dumouriez et consorts,
« les bonnes dispositions de l'armée, l'emprisonnement
« de d'Orléans et de sa famille, sauveront encore une
« fois la République. Il ne faut pour l'assurer que la
« volonté bien prononcée de la Convention. »

Le même jour on apprenait l'entrée des Espagnols à Saint-Laurent-de-Cerdans.

La désillusion fut cruelle, l'effroi fut grand dans le département. Suivant l'usage du temps on cria à la trahison.

Le 20 avril Lucia dit au Ministre de l'Intérieur :
« Il paraît que des scélérats à gages ont voulu lasser
« notre courage... pour nous forcer à reconnaître un
« pouvoir étranger. »

Le 9 mai il écrit au Comité de Salut public, se plaint des gens qui font circuler des nouvelles optimistes, qui « excusent la nonchalance ou la *perfidie* du Conseil « exécutif. » Il se plaint de « l'impéritie des *Servan* « et des Pache. » Peu de temps auparavant il n'avait

---

[1] En réalité Lucia était mal renseigné. Le 11 il écrivait encore que l'Espagne n'avait que 45.000 hommes tout le long de la frontière et que le succès était certain ; il tenait ses détails de l'ambassadeur Bourgoing. Mais le 6 avril arrive le Consul de Barcelone qui lui dit qu'il y a en Catalogne 35,000 hommes disponibles et qu'on a distribué 49,000 fusils aux Catalans.

que des éloges pour Servan ; mais à cette époque les esprits changeaient vite.

Le 21 il s'adresse à Bouchotte, lui dénonce : « la négli-« gence ou la *malveillance* de ses prédécesseurs,... la « coupable lenteur de ces agents perfides du Ministère, « seuls et véritables causes de tous nos maux. »

Dans une lettre du 28 juin, envoyée à la municipalité de Nantes (au sujet de la prise de Bellegarde) il parle de « l'incurie criminelle du Pouvoir exécutif. »

Dans d'autres documents on trouve les mêmes expressions. Dastros, nommé administrateur par un arrêté des représentants en mission, refuse par une lettre du 4 juillet à cause du « criminel abandon » dans lequel la Convention a laissé le département.

Nous n'attacherions pas une importance exagérée à ces formules, si nous n'avions un document très important qui en donne la clef. Nous savons que dans la littérature révolutionnaire les mots manquent de précision et qu'on ne doit pas discuter ces textes comme ceux de Tacite. Dans le cas actuel il se trouve que l'expression, chose extraordinaire pour l'époque, ne dépasse pas la pensée [1].

Dans une lettre du 23 mai, écrite par Birotteau et

---

[1] Le capitaine Légier, chargé du recrutement, écrit le 20 avril au Ministre de la guerre : « Dans ce moment l'armée se replie sur Per-« pignan et l'ennemi, qui ne trouve point de résistance, avance à « grands pas. Le département est sans forces ; il semble que le « Pouvoir exécutif l'ait, *à dessein, laissé sans défense, pour le* « *livrer à l'ennemi.* »

La correspondance de Légier est très intéressante ; elle permet de se rendre bien compte de l'état des esprits. Dans cette lettre du 20 avril, il se faisait l'écho de plaintes qu'il avait entendues souvent produire.

signée par tous les députés du département (sauf Montégut), on lit que le dénuement de l'armée prouve des « trahisons ou une insouciance bien coupable. » Il y est dit qu'il y a un système conçu pour livrer le département aux Espagnols, que Birotteau a déjà fait part de ses soupçons à Sérane [1]. Par suite de cette conspiration on a donné contre-ordre à la légion des Pyrénées qui devait aller à Perpignan ; le Comité de Salut public ignorait ce fait et en a été très surpris.

Dans la proclamation adressée le 17 juin par le substitut du procureur-général-syndic aux municipalités du département pour convoquer les assemblées primaires, on lit : « Songez que l'Espagnol vous assiège, que
« Paris, ou sa faction dominante, vous abandonne à cet
« ennemi dévastateur, que le maire de Paris est Pache
« et que Pache est l'ex-ministre perfide [2] qui vous a
« dénié le secours que vous n'avez cessé de réclamer
« depuis plus de deux ans et dont la privation est deve-

---

[1] Le 30 mai Birotteau disait à Lucia que ce projet ne faisait aucun doute pour lui. Il observait encore à son ami que les nombreuses lettres qu'il écrivait au Ministre de l'intérieur avaient souvent entravé les démarches des représentants du département. *Le Comité de salut public s'appuyait sur les lettres de Lucia* pour leur reprocher de se montrer trop pusillanimes.

[2] Le 2 février Lucia écrivait aux députés : « Le ministre Pache a « furieusement éloigné notre confiance. » Le 14 il dit au procureur-général syndic de la Haute-Garonne que les côtes sont sans défense et que le *traître* Pache a laissé le département « dans un état « vraiment affligeant. » Le 16 aux commissaires de la Convention à Toulon il signale « l'impéritie ou l'*incivisme* coupable de Pache. »

Le Ministère était accoutumé à ces reproches, qui aujourd'hui font beaucoup plus d'effet sur nous que sur les contemporains. M. Wallon cite *(Les Représentants du Peuple en Mission,* tome I, page 110) une lettre de Tallien, en date du 6 mai : « On voit aujour-
« d'hui le résultat de cette *criminelle* insouciance du Pouvoir exé-
« cutif. »

« nue et devient tous les jours plus fatale..... Il est
« essentiel que la France entière, que l'Univers sache
« que les habitants des Pyrénées-Orientales, *livrés*
« *traîtreusement* à leurs ennemis extérieurs, ont fer-
« mement résolu de les combattre et de s'élever contre
« toute oppression, contre toute faction des ennemis
« intérieurs, qu'ils veulent une constitution républi-
« caine et qu'ils mourront plutôt que de reprendre des
« fers. »

Si bizarres que puissent nous paraître aujourd'hui ces accusations, il faut cependant en tenir grand compte, car, à cette époque, tout le monde croyait volontiers à la trahison. Quand on lit le *Moniteur* on est étonné de voir des gens sérieux se faire les interprètes de ces étranges dénonciations. Nous en citerons quelques exemples. Le 1er vendémiaire an III, Carnot disait que Robespierre attendait une défaite « avec la même soif « que ses collègues avaient pour la victoire [1]. »

Le 2 brumaire Merlin de Thionville soutint que Couthon avait été de connivence avec Précy, le défenseur de Lyon. Le 2 germinal Louvet (l'un des Girondins proscrits) prétendit que le Comité avait été en relations avec Wimpfen, avait songé à opposer Louis XVII aux fédéralistes, et que le coup d'Etat du 31 mai était l'œuvre de royalistes déguisés.

---

[1] Birotteau écrivait le 21 janvier à Lucia que les Montagnards n'hésiteraient pas à sacrifier la moitié de la France pourvu que Rolland fût compris dans le sacrifice.

## II.

Situation générale des Girondins. — Les événements de Toulouse. — Correspondance de Chambon. — Les cahiers de Bordeaux.

Le coup d'État du 31 mai intéresse l'histoire locale par un détail peu connu. On sait le rôle important que joua dans cet événement un corps de cavalerie allemande, dit de Rosenthal, qui forma plus tard le 29° régiment [1]. Il semble probable que les chefs de la Commune tenaient à garder ces reitres sous la main, en même temps que les canonniers parisiens dont le dévouement leur était acquis. En effet le 15 juin Dougados et Escalaïs écrivaient que le Ministre ne savait pas si les secours étaient partis et que ces deux troupes étaient encore à Paris, malgré les ordres de départ pour Perpignan.

Nous ne savons pas comment les amis de Birotteau furent instruits des événements. Le 15 juin on lut au Directoire du département une lettre de lui, datée du 7, mais déjà la résistance avait commencé à Perpignan [2].

M. Taine a parfaitement exposé les causes de l'échec des Girondins et tout ce que nous avons à raconter

---

[1] Taine, tome II, page 165.
[2] Le 20 juin Siau, envoyé en mission à Paris par les représentants, écrivait à Lucia qu'il ne pouvait lui envoyer le procès-verbal de la séance du 2 et il ajoutait : « Si je vous disais un seul mot qui « déplût aux anarchistes, ma lettre ne vous parviendrait pas et « sûrement j'aurais à vous dire bien des choses qui ne seraient pas « de leur goût. » La lettre n'est pas signée.

vient confirmer les vues du grand historien. Les chefs de la République modérée [1] furent tout étonnés quand ils virent qu'ils n'avaient personne pour les suivre. Les bandes jacobines les avaient acceptés quand ils s'étaient conduits en Jacobins, elles les abandonnèrent et les regardèrent comme des renégats lorsqu'ils voulurent mettre un terme au désordre.

Si cette résistance ne s'était pas terminée par des drames aussi sanglants, elle ressemblerait fort à une tragi-comédie. Il n'y eut de résolutions viriles que dans les villes où l'autorité fut rapidement remise entre les mains des royalistes : tel fut le cas à Lyon. Les Girondins ne pouvaient s'entendre avec les Constitutionnels qu'ils avaient tant de fois insultés et persécutés ; leur conduite durant le procès du roi leur avait, en dernier lieu, aliéné tous les gens qui pouvaient les soutenir.

Birotteau et ses amis n'entendaient pas d'ailleurs faire appel aux royalistes [2]. Rien n'égale la naïveté des conceptions de ces malheureux proscrits. Chambon [3] écrit à Lucia le 22 juin qu'il y a à Toulouse « une « aristocratie révoltante dans la ville, et comme tout le « monde va aux assemblées sectionales, il est à crain- « dre que ce génie aristocratique ne nuise au peuple, « toujours aussi bon que juste. » Quant aux administrations elles ont un excellent esprit, c'est-à-dire qu'elles

---

[1] Nous employons cette expression parce qu'elle est consacrée par l'usage, car les Girondins n'étaient pas des *modérés*, dans le sens actuel du mot.

[2] Taine. Tome III, pages 31-32.

[3] Chambon, ancien curé, nommé suppléant à la Convention, avait reçu une mission des représentants du peuple pour s'occuper de l'administration de l'armée.

sont Girondines. Chambon recommande bien à Lucia de ne pas tomber dans un excès dangereux en combattant les anarchistes ; « n'oubliez pas les aristocrates ; « il faut les ensevelir dans le même tombeau. »

Dans le département l'émigration avait été tellement forte qu'il ne restait guère d'*aristocrates*, et Lucia s'était tellement conduit qu'il n'y avait pas à craindre qu'il pût faire alliance avec eux.

Les événements de Toulouse exercèrent évidemment une grande influence sur la conduite des autorités de Perpignan. Il y avait dans la Haute-Garonne deux Montagnards de marque, Chaudron-Rousseau et Baudot[1]. Quelques sections proposaient de les arrêter, mais on se contenta de dénoncer leur conduite à la Convention !

Les corps constitués de Toulouse crurent avoir fait beaucoup en se réunissant le 17 juin, malgré la défense que leur avaient notifiée les Conventionnels ; ils subtilisèrent, ils prétendirent que les arrestations des

---

[1] M. Vidal (Tome II, page 335) a emprunté aux mémoires de Cassanyes un singulier incident relatif à ces deux célèbres Jacobins. Ils auraient été jaloux du député des Pyrénées-Orientales, auraient cherché à le supplanter dans sa mission, seraient montés à la tribune de la Convention pour l'accuser d'avoir été à la messe ; Chaudron-Rousseau serait venu à bout enfin de se faire envoyer en Cerdagne et y aurait tout bouleversé. Cette dénonciation aurait eu lieu vers le milieu de septembre 1793.

Toute cette histoire nous paraît bien suspecte. Baudot et son collègue étaient alors chargés de missions de la plus haute importance. Chaudron-Rousseau avait été le 12 juillet attaché à l'armée des Pyrénées-occidentales. Il ne fut pas envoyé en Cerdagne, il y vint dans la grande tournée qu'il fit pour l'organisation du gouvernement révolutionnaire ; il avait alors des pouvoirs extrêmement étendus qui lui assuraient l'autorité aussi bien sur les administrations militaires que sur les civiles. Il ne rentra à Paris qu'au commencement de l'an III. Il n'avait certainement pas à être jaloux de Cassanyes : il jouait un rôle autrement important que lui.

clubistes étaient faites régulièrement, ils n'osèrent pas déclarer nuls les décrets rendus depuis le coup d'État. Le chef-d'œuvre de cette casuistique fut la conduite vis-à-vis du général Lacuée. On le pria de s'occuper de l'armée *comme citoyen*. « C'est ainsi qu'on a cru « allier les désirs du peuple avec les principes », écrivait Chambon le 18 juin.

Mais on recule aussitôt ; le 20, Chambon mande à Lucia que la Société populaire a fraternisé avec les corps constitués ; on a relâché les détenus et on se borne à l'envoi de Commissaires chargés de demander la liberté des députés incarcérés.

Bordeaux avait pris l'initiative du mouvement : le 19, un arrêté de la Commission populaire de Salut public de la Gironde avait invité tous les départements à nommer deux délégués pour se rendre à Bourges le 16 juillet [1].

Il ne s'agit pas de former un gouvernement ; les délégués suivront les instructions de leurs cahiers, sauf dans des cas d'urgence. L'article 8 porte que : « Les Commissaires ne pourront dans aucun cas empié-« ter sur les fonctions conventionnelles ou législatives. »

Les vœux du cahier de Bordeaux sont bien anodins : les Girondins seront réintégrés *pour être ultérieurement jugés s'il y a lieu* ; le tribunal révolutionnaire ne siègera plus à Paris ; les décrets rendus depuis le 31 mai seront révisés ; les conspirateurs désignés dans le rapport de la Commission des Douze seront jugés ; les auteurs des massacres de septembre, du pillage du

---

[1] Voir ce que dit M. Taine, tome III, page 35.

garde-meuble seront poursuivis ; la garde nationale de Paris sera réorganisée conformément aux lois et les Comités révolutionnaires supprimés.

A Toulouse, les assemblées primaires avaient été convoquées pour le 23 ; Chambon écrivait au département qu'il le tiendrait au courant. « Cette prévoyance est « d'autant plus essentielle que vous devez déjà vous « apercevoir de l'énorme discordance qui se trouve « dans l'opinion de divers départements. » Le 25 il disait à Lucia que Toulouse était devenu très tiède, que l'inimitié régnait entre les sections ; les assemblées primaires ne s'étaient pas réunies d'une manière régulière.

Le 27, Chambon écrivait au Département qu'il était question d'une réunion des suppléants à Tours et qu'il n'abandonnerait pas les principes, c'est-à-dire qu'il ne ferait rien contre la Convention. La plupart des suppléants pensaient comme lui et n'étaient pas disposés à risquer leur tête.

Dans la séance du 3 juillet la Convention recevait une adresse envoyée par la Société populaire de Toulouse et couverte de 4,000 signatures ; c'était la fin de toute velléité d'opposition [1].

---

[1] M. Wallon a raconté en détail les événements de Toulouse (Tome II, page 115.) Dans cette ville le procureur-général-syndic ne cessa de protester contre les mesures fédéralistes. Le 30 juin les députés des assemblées primaires retournaient chez eux ; les arrestations des chefs Girondins eurent lieu sans difficulté. L'administration fut renouvelée les 22 août et 2 septembre.
Dans l'adresse envoyée à la Convention on lisait : « Baudot et « Chaudron-Rousseau ont paru parmi nous, comme *députés de la* « *Divinité* pour venir calmer nos maux. » (H. Wallon. Tome II, page 129.)

## III.

Réunion des électeurs de Perpignan. — Lucia prévient le Ministre. — Proclamations des 17 et 25 juin. — Velléités de résistance.

A Perpignan l'opposition Girondine fut encore moins accentuée qu'à Toulouse. La guerre avec l'Espagne empêchait d'ailleurs l'administration de songer à une résistance armée. On lit dans la proclamation du 17 juin : « Ne pouvant porter ailleurs nos forces et nos « bras, que nous sommes obligés d'opposer à l'Espa- « gnol... »

Nous connaissons surtout les détails de cette histoire par la correspondance *officielle* de Lucia. Comme l'a fait si bien observer M. Taine, personne n'osait rompre ouvertement avec le gouvernement [1]; d'ailleurs on avait déjà assisté à tant de bouleversements depuis 89 que tous les fonctionnaires éprouvaient le besoin de prendre leurs précautions en cas de surprise.

---

[1] « Les prétendus citoyens et républicains auxquels ils ont affaire « sont, en somme, d'anciens sujets de Louis XVI et des futurs « sujets de Napoléon, c'est-à-dire des administrateurs et des admi- « nistrés, disciplinés de cœur et subordonnés d'instinct, ayant « besoin d'un gouvernement, comme les moutons ont besoin d'un « pâtre et d'un chien de garde, acceptant ou subissant le pâtre ou « le chien de garde pourvu qu'ils aient l'apparence et le ton de « l'emploi, même quand le pâtre est un boucher, même quand le « chien de garde est un loup. » (Tome III, page 38). Dans une lettre du 7 mars, adressée au président de la Convention, Lucia disait : « En votant pour la suspension du roi, pour l'abolition de la « royauté, j'ai juré de n'admettre *d'autre despote que la loi*: « qu'elle parle, je ne connais alors que l'obéissance. »

Le Conseil général de Perpignan se réunit le 14 et décida de convoquer les quatre sections de la ville, pour « délibérer sur les dangers de la patrie ; elles
« s'assemblèrent en effet le 16 dans l'église Saint-Jean
« et adressèrent une pétition au Département pour la
« réunion des assemblées primaires. Le Conseil en
« permanence a fait droit à leur demande… Mon subs-
« titut a été chargé d'expliquer dans une lettre l'objet
« de la réunion ; elle est fixée au 23. Les corps adminis-
« tratifs séant à Perpignan et des commissaires pris
« dans le sein de la Société populaire se sont réunis en
« séance publique le 18 et ont rédigé en commun une
« profession de foi politique, qui a été imprimée. Je
« vous adresserai le tout dès que l'imprimeur aura fini
« son travail [1]. »

En effet le 22 il envoie « divers imprimés contenant
« toutes les mesures qui ont été prises pour faire con-
« naître d'une manière légale le vœu du peuple sou-
« verain. » Il assure le Ministre qu'il n'y a dans tout ce mouvement rien de répréhensible [2].

Nous n'avons pu trouver dans les archives que la proclamation du substitut du procureur-général-syndic ; elle n'est pas de nature à nous faire regretter la perte des autres documents, car c'est une œuvre remarquablement terne.

---

[1] Lucia au Ministre de l'Intérieur, 19 juin.

[2] On trouve à la fin de cette lettre un chef-d'œuvre de rhétorique, dans le goût du temps : « Chaque habitant n'a que deux bras, il
« emploiera l'un à chasser l'Espagnol, le second à terrasser les fac-
« tieux et à défendre, jusqu'au dernier soupir, le serment qu'il a
« fait de vivre libre. »

« Demandez à grands cris la constitution qui vous a
« été promise et demeurez debout jusqu'à ce que vous
« l'ayez obtenue... Vous avez juré la liberté, l'égalité,
« la République une et indivisible; faites éclater l'éner-
« gie du sentiment qui vous dicta ce serment solennel
« et sacré. Tous les Français vous entendront ; ils
« se lèveront tous, ainsi que vous, parce que le même
« serment les lie... et qu'ils veulent une constitution
« comme vous la voulez. Oui, tous les Français seront
« debout ; les factieux les verront ; ils pâliront à leur
« aspect ; la faction tombera ; la constitution sera
« faite et la patrie sera encore une fois sauvée. »

Il est difficile d'être plus naïf que le pauvre Fabre ; malheureusement cette proclamation lui coûta la tête.

Ce n'est pas contre Paris qu'on s'élève, « mais contre
« les *contre-révolutionnaires*, les *anarchistes* et les
« *ambitieux* qui déchirent cette immense cité. »

Dans la séance du Conseil du département du 24, Lucia lut différentes délibérations des assemblées primaires tenues la veille. Le même jour on reçut l'arrêté de la Commission de Salut public de la Gironde.

Le registre des procès-verbaux ne renferme pas l'arrêté du 17 juin, non plus que la discussion qui dut s'engager sur les propositions des Bordelais. Lucia adressa le 25 aux chefs-lieux de canton une circulaire où il disait :

« La plupart des départements voisins, un grand
« nombre de ceux du nord et de l'intérieur ont déli-
« béré d'envoyer deux commissaires à Bourges, non
« pour y exercer des fonctions conventionnelles ou
« législatives,... mais pour y délibérer sur les dangers

« de la patrie... Cette réunion doit écraser les factieux
« que Paris renferme dans son sein et rendre à la
« Convention, *par le poids imposant de l'opinion géné-
« rale,* cette liberté, cette autorité, cette confiance qui
« lui sont si nécessaires... »

Le Département n'avait pas osé nommer lui-même les commissaires. « Nous avons cru que nous étions
« incompétents pour prononcer sur de si grands inté-
« rêts et que le peuple souverain était seul apte à le
« faire. » Les assemblées primaires étaient donc invitées à envoyer des délégués à Perpignan « pour y
« former un conseil qui décidera s'il doit *être ou ne*
« *pas être envoyé* de commissaires à Bourges. »

Afin d'exciter le zèle des électeurs, on prévenait que les délégués seraient payés d'avance de leurs frais de voyage et qu'ils seraient logés et nourris « par l'habi-
« tant ou l'administrateur qui pourra obtenir cette
« préférence. »

La réunion devait avoir lieu le 1ᵉʳ ou le 2 juillet au plus tard.

Lucia ne prévint pas le Ministre de cette démarche qui n'eut d'ailleurs aucune suite [1].

Dans l'Aude on avait essayé une fédération plus localisée ; il était, en effet, assez probable que les commissaires ne pourraient se réunir à Bourges. Le 23 le président de la Commission populaire départementale de l'Aude prévenait Lucia qu'on avait nommé 24 mem-

---

[1] Lucia osait encore le 28 juin écrire à la municipalité de Nantes :
« Il est doux dans des moments où tant de scélérats ne s'agitent que
« pour le crime, d'avoir à retracer l'image consolante de la vertu ».
Sa pensée nous parait très claire, mais l'expression était assez vague pour qu'il ne fût pas compromis.

bres pour se concerter avec les départements voisins. Mais on prit peur bien vite et, dès le 28 juin, il semble que tout soit fini ; le 3 juillet on votait une adresse enthousiaste à la Convention. Dans une lettre du 21 juillet, Compta, administrateur de l'Aude, se vantait, auprès du représentant Projean, d'avoir fait dissoudre la Commission populaire et d'avoir fait rappeler les délégués envoyés dans les départements voisins [1].

A Montpellier l'opposition Girondine avait, peut-être, un peu plus de consistance ; dans une lettre du 26 juin un des administrateurs, Rey, écrivait que l'on avait formé un Comité Central de tous les délégués des assemblées primaires et qu'on y faisait « jusqu'ici de « la bonne besogne. » Le mouvement de l'Hérault fut dénoncé à la Convention le 9 juillet. Durand, maire de Montpellier, fut accusé d'être un perturbateur. Cambacérès plaida les circonstances atténuantes et soutint que ses compatriotes n'avaient erré que faute de bien connaître ce qui s'était passé à Paris [2].

A Perpignan, nous croyons pouvoir signaler trois manifestations indirectes de résistance. Le 25 juin le Département demanda l'autorisation de convoquer le corps électoral pour pourvoir au remplacement des administrateurs manquant. Nous pensons que le Conseil vou-

---

[1] Voir ce que dit M. Wallon. Le délégué du Ministre, nommé Cailhava, avait été arrêté ; après sa mise en liberté, il demanda à être indemnisé ; il réclama au représentant Fabre ; celui-ci était alors à Perpignan et lui écrivit, le 3 septembre, qu'il ne pouvait s'occuper de cette affaire ; il l'engagea à s'adresser à Bonnet.

[2] Le maire de Montpellier refusa de s'enfuir et se laissa arrêter malgré l'appui que lui donnait la population ; il fut guillotiné le 19 nivôse an II (H. Wallon, tome II, page 167).

lait augmenter sa force morale auprès des représentants, car le 11 juin Lucia avait demandé à Letourneur et Rouyer de nommer eux-mêmes les administrateurs, parce que les élections étaient impossibles.

Ce qui nous paraît plus significatif encore, c'est que le 19 le Département refusait d'envoyer à Paris les espèces existant à la Monnaie de Perpignan. On donnait pour prétexte l'insécurité des routes. Nous pensons que cette mesure se rattachait au mouvement Girondin, car à Toulouse le même refus fut opposé à la demande des Commissaires de la Trésorerie nationale.

Après la prise de Bellegarde le Département essaya de créer une agitation dans les départements du midi. Le 27 juin il convoqua les représentants du peuple, les généraux et les autorités supérieures de l'armée. Les députés firent observer qu'il était dangereux de traiter dans une assemblée publique des questions aussi graves que celles qu'on se proposait d'y porter. On passa outre ; les orateurs qui avaient préparé des discours ne voulaient pas en être pour leur peine. Il y eut une scène attendrissante, tout à fait dans le goût de l'époque : « Des officiers de différents bataillons de la garde « nationale venus de Bellegarde, après la prise de la « ville, » racontèrent leurs souffrances.

L'assemblée vota une adresse aux départements et on l'expédia malgré l'opposition des représentants, qui pensaient qu'elle renfermait certains passages qui *pourraient déplaire.*

Il y était dit : « Y aurait-il un projet de sacrifier le « midi et de le punir d'avoir osé préférer le règne des « lois aux convulsions de l'anarchie ? » On terminait

en invitant les départements à réparer « les tristes
« effets de l'insouciance ministérielle et de la cruelle
« froideur que nous a montré le Comité de Salut
« public. »

M. H. Wallon nous apprend que l'agitation antijacobine datait de plusieurs mois. Il cite plusieurs adresses très caractéristiques, une de Perpignan en date du 25 décembre 1792 et une de Saint-Paul, du 9 mai 1793.

Le savant historien pense que dans la fête du 24 février il fut fait allusion aux Jacobins : tous les fonctionnaires prononcèrent ce serment étrange : « Anathème aux rois, aux tyrans ; *anathème aux « dictateurs, aux triumvirs, aux faux défenseurs de « la République*, anathème à tous ceux qui sous le « titre de *chef*, de *général, de protecteur, de stathou-« der, de prince*, ou quelque autre titre que ce soit, « voudraient *usurper* une supériorité, une prééminence « quelconque. »

Pareille fête avait eu lieu dans la Loire-Inférieure et le Lot-et-Garonne. Le procureur-général-syndic de Toulouse, Malpel, avait invité, le 7 février, Lucia à suivre cet exemple, destiné suivant lui à frapper de terreur les anarchistes. Il espérait que les autres départements suivraient la même voie. Malpel fut suspendu au mois de mai par les représentants. Montégut et Cassanyes écrivirent le 20 mars au Département pour le féliciter ; ils ne paraissent pas se douter du caractère Girondin de la cérémonie, et ils concluent ainsi : « Soyez persuadés que si en nous « députant à la Convention vous n'avez pas envoyé

« des Cicérons, vous avez au moins envoyé des
« Brutus.[1] »

Le 21 janvier le Département avait décidé que des registres seraient ouverts dans les communes pour inscrire les volontaires destinés à former une garde départementale pour la Convention. Le 29 Lucia écrivait à son collègue de l'Aude. « C'est par cette union
« de principes et de sentiments républicains que la
« majorité des bons citoyens contiendra cette minorité
« turbulente, qui entretient l'anarchie et veut préparer
« la désorganisation de l'empire. Nous n'avons plus de
« roi, nous ne souffrirons pas de dictateur. Il faut que
« la loi règne et que les factieux expirent sous son
« glaive. »

Comme on le voit, Lucia n'y allait pas de main morte, il ne demandait rien moins que la mort pour les Jacobins exaltés. Nous avons vu qu'il était dans les meilleurs termes avec Brissot à cette époque. Roland était à ses yeux le modèle du parfait citoyen ; le 29 décembre 1792, il lui écrivait : « La calomnie qui vous
« poursuit vous honore, puisque vos détracteurs sont

---

[1] M. Wallon pense que le Comité de Salut public organisé le 5 mai se rattache à l'agitation Girondine. Cette opinion ne paraît pas devoir être admise, ce comité ayant été créé par Gaston et Fayau. Il aurait pu servir au mouvement fédéraliste, parce qu'il était inter-départemental ; mais il ne s'occupa que de la police locale et bientôt les délégués des départements voisins s'en allèrent.

M. Vidal (Tome II, page 145) donne une composition inexacte de ce Comité, qui ne renfermait aucun membre appartenant à l'armée, tandis qu'il en indique sept.

Ce qui a pu tromper M. Wallon c'est que la première idée de cette création paraît venir d'une lettre adressée le 11 avril par le Comité de Limoges. Le comité de la Haute-Vienne a eu d'ailleurs une existence bien effacée.

« en horreur à tous les gens de bien... Nous ne devons
« tous être animés que de l'intérêt général de la
« République. Malheur à celui qui, dans sa conduite
« publique ou privée, serait dirigé *par tout autre*
« *sentiment !* »

Nous ignorons si Lucia avait bien pesé la valeur de ces paroles ; elles sentent terriblement l'inquisiteur.

Le 9 février il envoyait à Roland une délibération du Département et lui disait : « Lorsque la plus heu-
« reuse des révolutions est souillée par les crimes de
« quelques *scélérats* qui la déshonorent, il est bien
« doux pour l'homme honnête de reposer quelques
« instants *son imagination sur l'image de la vertu* [1] ».

Il est possible que si les Jacobins fussent tombés sous la main de Lucia, il leur eût fait un mauvais parti [2] ; mais, probablement, il était comme beaucoup de ses amis, il avait plus d'énergie la plume à la main que dans l'action.

---

[1] En lisant de pareils enfantillages on ne s'étonne plus que nos pères aient épuisé le vocabulaire admiratif en faveur de Napoléon. Un juge de paix de Perpignan, nommé Bachelard, devenu employé à l'armée d'Italie, écrira plus tard que si Bonaparte est calomnié, c'est que les aristocrates ont toujours été les bourreaux des gens de bien.

[2] Nous insistons sur tous ces détails parce qu'on a nié le girondinisme de Lucia. M. Vidal a écrit (Tome III, page 77) : « Rien dans
« sa correspondance n'indique un ennemi de l'état des choses exis-
« tant depuis le 31 mai. Lucia était passé au parti de Danton. »
Nous n'avons trouvé aucune trace du dantonisme de Lucia.

Cet auteur a d'ailleurs passé, à peu près complètement sous silence, les actes fédéralistes de l'administration départementale.

## IV.

actique habile des Jacobins. — Les représentants en mission à
Perpignan. — Opinions de Bonnet et de Fabre.

Tandis que les Girondins combattaient leurs adver-
aires par des discours et des projets, les Jacobins
tenaient une conduite tout à fait différente. Ils déte-
naient le pouvoir ; toute la machine législative était
entre leurs mains, parce qu'ils étaient les maîtres de
aris. Jusqu'au 10 juillet, époque du renouvellement
du Comité de Salut public, ils suivirent une politique
très habile, très énergique et très machiavélique.

On reprochait à la Convention de ne pas donner au
pays une constitution ; on se mit à l'œuvre et on bâcla
cette œuvre avec une ardeur sans pareille : il était à
peu près inutile de s'arrêter à discuter les articles puisqu'on n'avait pas l'intention de mettre cette loi à exécution. On voulait à tout prix aller vite, et faire voter
rapidement la constitution par le peuple. Les administrations départementales, déjà si faibles et si vacil-
antes, hésiteraient beaucoup à résister, après avoir
roclamé si haut que leur opposition était basée sur les
rétentions des Montagnards, qui voulaient substituer
a dictature au régime de la légalité. D'ailleurs à quoi
bon prolonger la lutte ? Le vote de la constitution
était, dans la pensée de tout le monde, la fin de la
Convention. On allait faire des élections et la tyran-
nie parisienne serait écrasée.

Les Montagnards ne se trompaient pas dans leurs calculs [1]. Le vote rapide de la constitution découragea tous les opposants.

D'autre part la Convention rendait des décrets d'une ambiguité calculée, destinée à effrayer les récalcitrants et à les amener à faire amende honorable. Elle mettait partout les *patriotes* incarcérés sous la sauvegarde des *bons* citoyens, destituait les administrateurs girondins et les appelait à sa barre. Le 10 juin elle autorisait tous les tribunaux criminels à prononcer la peine de la déportation contre les auteurs de crimes *non prévus* par le Code, lorsque l'*incivisme* des accusés aurait été un sujet de trouble et d'agitation. Enfin le 26 juin elle sommait tous les fonctionnaires ayant pris part aux actes de fédéralisme « de faire et de notifier dans « le lieu de l'exercice de leurs fonctions, dans les trois « jours de la publication du présent décret, leur rétrac- « tation et d'en adresser une expédition au Comité de « Salut public de la Convention nationale », sous peine d'être déclarés traîtres à la patrie.

Ce n'est que le 12 juillet que les mesures de proscription commencent ; Birotteau fut une des premières victimes de la nouvelle politique.

Les représentants en mission à Perpignan n'étaient pas des hommes sanguinaires ; ils étaient du midi et ils ne paraissent pas avoir pris bien au sérieux la résistance Girondine. Bonnet manifesta cependant quelques craintes quand à Grenoble il reçut le décret du 12

---

[1] Voir ce que dit M. Taine (Tome III, page 37) sur la fuite des Girondins après le vote de la constitution, ainsi que le lumineux travail de M. Wallon, dont nous avons déjà parlé.

juillet ; il pensait que les amis de Birotteau sortiraient de leur apathie ; il n'en fut rien.

Le 21 juin, Bonnet, Leyris et Projean font annoncer au Département leur arrivée ; on leur envoie une députation. Le 24, après qu'on vient de lire les procès-verbaux des assemblées primaires, entrent Espert, Bonnet et Fabre ; « ils invitent l'Administration à « détruire la méfiance que les citoyens de Perpignan « peuvent avoir d'eux et l'impression que la garde « qu'ils ont à leur porte a faite à différents parti- « culiers. »

Bonnet n'attachait pas grande importance aux mesures prises par Lucia et ses amis ; il est possible que le procureur-général-syndic eût pris la précaution de rassurer les représentants sur ses réelles intentions. En tout cas, une lettre de Bonnet à Lucia, en date du 29 juin, n'est certainement pas d'un surveillant soupçonneux : « Nous sommes sincèrement affligés des « souffrances que vous cause la cruelle colique qui « vous a tourmenté toute la nuit... Les bons citoyens, « dans les circonstances actuelles, devraient avoir « une santé inébranlable et tous les maux s'accu- « muler sur les méchants et nos ennemis. » Il manifeste le désir d'aller à Collioure en bateau avec Lucia.

Dans une lettre adressée de Grenoble, le 18 juillet, au Comité de Salut public, Bonnet parle des mouvements fédéralistes de l'Aude et de l'Hérault [1] ; il excuse ses compatriotes ; ils n'ont pas cessé de respecter la

---

[1] Avant de venir à Perpignan, Bonnet était passé par Carcassonne; le 12 juin, *en sa présence*, le Conseil du département s'était prononcé contre le coup d'Etat. (Wallon, tome II, page 143).

Convention, ils ont peut-être été « aigris par les faux
« rapports qu'on n'a cessé de faire sur la situation de
« notre frontière et l'abandon cruel où on l'a laissée
« depuis quatre ans. » Il est remarquable qu'il ne soit
pas question de Perpignan.

Dans les correspondances des représentants entre
eux, nous n'avons pas trouvé d'allusions au mouvement girondin en Roussillon.

Dans une lettre adressée le 25 juillet par le représentant Fabre, à Brunet, administrateur de l'Hérault, il
est question des événements survenus dans ce département. Cette missive est assez énigmatique ; il dit que
32 individus ont failli être la perte de la Révolution ;
« si la constitution n'était venue opposer son autorité
« aux passions, peut-être, en nous parlant de République, on nous eût mené au despotisme » ; il désire
qu'on ramène les *égarés* par la douceur, « mais il est
« certain que la Convention nationale a été trop griè-
« vement insultée pour pouvoir montrer une indul-
« gence qu'on aurait appelée faiblesse. Si j'eusse été
« à Paris, j'eusse parlé comme mon collègue Camba-
« cérès..... J'aime à croire que, s'ils reconnaissent
« leur erreur, la Convention fera, peut-être, fléchir la
« rigueur de la loi ;... la conduite que tiendra notre
« ville dans cette occasion peut être décisive... [1] »

---

[1] Il semble probable que Fabre essaya de s'opposer au mouvement fédéraliste de l'Hérault, car il dit dans cette lettre. « Dans
« ces circonstances il ne m'a resté d'autre parti que d'épargner à
« mes concitoyens une faute de plus et de venir ici m'exposer aux
« coups des satellites des despotes. »

Le 8 juillet il écrivait à l'un de ses amis Joubert, administrateur
du district, de ne pas démissionner, de se raidir : « comme vous,

Il n'est pas dit un mot non plus ici de ce qui s'est passé à Perpignan.

Les termes du décret du 26 juin étaient tellement vagues que l'administration des Pyrénées-Orientales ne se crut pas atteinte ; à vrai dire elle s'était bornée à des démonstrations platoniques ; elle n'avait pas nommé des délégués à Bourges ni organisé de forces fédéralistes. Elle crut qu'il était prudent de ne pas appeler l'attention du gouvernement vindicatif et soupçonneux sur des peccadilles, pensant qu'elles passeraient inaperçues. Lucia parvint à dissiper les préventions que pouvaient avoir gardé les représentants et le 23 août il écrivait à sa mère que Fabre et Bonnet avaient en lui une grande confiance ; « le premier temps est « revenu et je crois que je le mérite. »

Les deux représentants étaient cependant obligés de suivre le mouvement et ils ne tardèrent pas à hausser le ton ; il devenait trop dangereux d'être modéré. Nous verrons bientôt comment Lucia suivit leur exemple.

D'après la théorie jacobine, que Robespierre fera triompher avec éclat, il est beaucoup plus important de réduire les factieux que de s'occuper de l'étranger. Les Girondins avaient eu une idée tout à fait différente, parce qu'ils croyaient que la guerre étrangère calmerait les violences de leurs ennemis et donnerait à leur parti une force artificielle.

---

« j'ai été calomnié et je me fais gloire de partager le sort de l'admi-
« nistration dont tous les membres sont mes amis et méritent de
« l'être de tous les bons citoyens. La constitution va bientôt paraître
« et mettra peut-être fin à nos puérils débats. Mais l'aristocratie ne
« s'endort pas. Il est de son essence de tourmenter le patriotisme
« vrai. »

Le système jacobin était très funeste à la défense des frontières, mais, fort heureusement, nos ennemis n'étaient pas disposés à faire de grandes opérations ; ils pensaient qu'il ne fallait pas se presser et qu'il y avait avantage, pour eux, à laisser se déchirer les Français.

Dans toutes les grandes villes les représentants étaient obligés de garder une force armée pour en imposer aux citadins. Le 31 août les représentants écrivaient à leurs collègues à Toulouse pour leur demander d'envoyer trois compagnies du régiment d'Alsace rejoindre le reste du corps ; « nous sommes « malheureusement convaincus que vous ne pouvez « vous passer, dans les circonstances actuelles, d'un « corps de troupes quelconques, *sûr et bien soumis* « *aux lois.* »

Le lendemain nouvelle lettre demandant l'envoi de renforts tirés de Bayonne ; c'est la question intérieure qui forme l'argument principal : les succès des Espagnols « raniment les contre-révolutionnaires ; c'est ici « qu'il fallait les combattre et les détruire. »

Le 4, Fabre emploie encore le même raisonnement auprès du Comité de Salut public ; si Perpignan est pris, les contre-révolutionnaires donneront la main aux Espagnols.

Fabre, que nous avons vu relativement modéré au mois de juillet, devient en septembre tout à fait Jacobin ; il écrit le 6 à ses collègues à Toulouse : « Ne perdez pas « de vue Bordeaux, *frappez un grand coup*, car les « atermoiements et les demi-mesures nous perdent. » Le même jour il mande aux représentants qui vont

assiéger Toulon : « Si vous suiviez mon avis sur Tou-
« lon, écrasez-le de bombes ; ne donnez pas le temps
« à nos ennemis de respirer, incendiez tout ; l'énergie
« républicaine n'est pas faite pour les longs sièges. »

Malgré tout les représentants ne parvinrent jamais à se mettre à la hauteur des circonstances [1]. A la fin de l'année ils eurent des démêlés avec Hardy, commissaire du pouvoir exécutif, qui avait fait décider par le Département la création d'une armée révolutionnaire. Nous savons par Fervel qu'ils furent dénoncés par lui [2], bien qu'à cette époque Gaston fût venu renforcer le jacobinisme de la Commission nationale. Il est probable que Doppet fut du nombre de leurs accusateurs et que ce fut sur ses rapports et ceux de Hardy que le gouvernement se décida à rappeler les représentants [3].

[1] Comeyras, commissaire du pouvoir exécutif à Toulouse, avait écrit aux représentants pour leur proposer la destruction des forêts de la Lozère. Bonnet et Fabre lui répondaient le 31 août : « Il y a « apparence que le Comité de Salut public prendra en considéra- « tion ce que vous lui proposez, à moins que la grande disette de « bois dans la République ne le détermine à se contenter de faire « éclaircir ce repaire de fanatiques et de brigands, en conservant, « s'il est possible, une partie d'une production aussi précieuse, dont « la France est menacée de manquer complètement dans peu d'an- « nées. »
C'est au mois d'août que le principe de la destruction systématique fut adopté par le Comité pour la Vendée. Bonnet et Fabre ne manifestent pas ici un grand enthousiasme pour ce système.

[2] Tome I, page 223.

[3] Fabre et Gaston furent envoyés à l'armée des Alpes. La mission de Cassanyes prit fin ; il n'est pas question de lui dans la lettre de Hardy telle que la donne Fervel, mais les analyses de cet auteur ne sont pas toujours fidèles.
M. Wallon a donné un assez grand nombre de lettres de Hardy. (*Les représentants du peuple.* Tome II, pages 359-368). Nous ne comprenons pas comment Fervel peut avoir dit que ce personnage se distinguait par la modération de ses rapports. M. Wallon l'appelle avec raison un *furieux*.

## V.

La Constitution du 24 juin. — Enthousiasme qu'elle provoque. — L'administration locale réprouve les idées fédéralistes. — Étalage de zèle.

Nous avons dit quel rôle important joua la constitution dans l'apaisement des résistances Girondines. A Perpignan, l'administration manifesta le plus grand enthousiasme pour ce chef-d'œuvre.

Le 14 juillet on fit une fête au camp ; chacun y jura de défendre la constitution jusqu'à la dernière goutte de son sang. Le lendemain on reçut les exemplaires imprimés avec le décret et les instructions du Ministre. On décida d'aller proclamer cet heureux événement dans les rues de la ville, avec tambour et musique. « Le procureur-général-syndic portait une bannière où « était la nouvelle constitution surmontée du bonnet « de la liberté et d'une couronne de chêne. »

Cette constitution de 1793, qui ne fut jamais appliquée, était un document surnaturel : on n'avait pas à le discuter, mais à l'admirer. Le représentant Fabre l'appelle un Évangile que les soldats portent sur eux comme une relique leur garantissant la victoire [1]. Pour Lucia c'est un bienfait national [2], une divinité consolatrice [3], la pierre fondamentale de l'édifice de notre bonheur, contre laquelle se briseront les efforts liber-

---
[1] Fabre au Comité de Salut public, 6 août.
[2] Lucia au Comité de Salut public, 26 juillet.
Lucia aux Districts, 15 juillet.

ticides des Espagnols [1]. L'arrivée de ce document miraculeux doit produire des miracles. « L'ivresse « générale paraissait pressentir le succès du lende- « main [2]. » Ailleurs il dit qu'il faut tout réunir sous « le giron de notre sainte constitution [3]. »

On n'avait pas reçu assez d'exemplaires pour faire l'affichage dans toutes les communes ; mais on ne peut attendre : on se contente d'un exemplaire par canton. Lucia écrit le 15 aux administrateurs des districts de convoquer les assemblées primaires pour le 21, afin que les délégués puissent arriver à Paris le 10 août, « que l'anniversaire du jour où le perfide Louis XVI « fut déclaré indigne de commander à des Français, soit « l'époque du bonheur du peuple et que le faisceau « constitutionnel devienne la sauvegarde de la liberté « et de l'égalité. »

On ne songe pas un instant que le peuple souverain devrait avoir au moins le temps de réfléchir. Il faut un plébiscite d'enthousiasme. Le 16, Sérane, président du Département et grand ami de Birotteau, « a parlé « avec la plus grande force sur la nécessité d'ajourner « toutes les haines [4]. »

---

[1] Compte-rendu de la fête du 14 juillet.
[2] Lucia au Ministre de l'intérieur, 19 juillet.
[3] Lucia au Comité de Salut public, 21 août.
[4] Lucia au Ministre de l'intérieur, 19 juillet.

L'Écho des Pyrénées, organe officiel du Département, publia, du 22 au 29 juin, des articles signés B. J. E. S. qui nous semblent être de Sérane. Les prénoms de celui-ci sont Jean, Joseph, Etienne.

On y lit que la faction liberticide a dégarni la frontière, que le peuple français ne nous doit pas seulement une constitution, mais aussi une armée ; « l'infâme coalition qui voulait anéantir le règne « des lois, avait soustrait toutes les ressources aux départements « qui voulaient le maintenir. »

Lucia écrit le 15 au Comité de Salut public : « Nous
« osons présumer que le vœu pour son acceptation sera
« unanime. Ce moyen nous paraît propre à déjouer
« tous les ennemis de l'intérieur: royalistes, anarchis-
« tes, intrigants, *modérés, vermine infecte* qui depuis
« longtemps nous incommode. »

Il va sans dire que la constitution fut adoptée à l'unanimité ; à Torreilles on protesta contre les opérations de l'assemblée primaire de Saint-Laurent, mais on passa outre aux dires des protestataires [1].

Le 26 juillet Lucia annonce au Ministre de l'Intérieur et au Comité de Salut public le résultat du vote et termine par cette profession de foi : « Loin de nous
« toute idée de fédéralisme ; nous le redoutons autant
« que l'anarchie. L'unité et des lois, tel est le cri de
« notre cœur et le vœu de tous les républicains de ce
« département. »

Lucia a complètement perdu de vue les malheureux Girondins ; il écrit le 24 juillet à un administrateur de la Haute-Garonne : « Quand nous aurons un gouverne-
« ment stable... nous battrons nos ennemis extérieurs
« et nous *effrayerons ceux du dedans*. »

Lorsqu'enfin le 24 août le Département reçoit un paquet de documents de Wimpfen et de « l'armée
« républicaine et contre-anarchiste du Nord », tous les administrateurs sont profondément indignés et Lucia est chargé d'exprimer à la Convention l'horreur que

---

[1] Séance du Département du 26 juillet. On fit à ce sujet une enquête d'où il résulte qu'à Saint-Laurent les citoyens avaient généralement un bon esprit, mais que le curé excitait des troubles dans la commune.

A Torreilles la municipalité est très suspecte.

lui et ses amis éprouvent pour ceux qui ont osé défendre les Girondins, malgré l'opposition qui existait entre leurs principes et ceux des députés proscrits.

Le 10 août il y eut une grande fête à Perpignan ; nous ne la décrirons pas, car toutes les fêtes de ce temps-là se ressemblent [1].

Lucia reçut des félicitations de Guiter et de Letourneur [2] pour la manière dont il avait organisé la fête du 14 juillet et l'enthousiasme avec lequel avait été accueillie la constitution. Guiter a porté le procès-verbal au Comité qui a été enchanté de voir que « la classe de ceux qui se réunissent à un point com- « mun » augmente tous les jours. Cela vaut une victoire ; l'acceptation de la constitution tue les espérances des Espagnols « sans tirer un coup de canon [3]. »

Letourneur trouve que la fête du 14 fait le plus grand honneur à Lucia ; il en éprouve une joie sans

---

[1] M. Vidal (Tome II, page 306), dit que les administrateurs, confondus avec de simples citoyens, étaient dans une charrette trainée par 86 volontaires. Nous ignorons où cet auteur a pris ce renseignement qu'il serait bien intéressant de vérifier, car il serait typique. Dans le procès-verbal officiel on lit : « Le peuple souverain et les « administrateurs étaient confondus et renfermés dans une chaîne « de myrthe et de laurier portée par 86 volontaires. »
Notons ici que le 14 août le Département vota, sur la proposition de Lucia, l'impression de la constitution traduite en catalan à 2000 exemplaires.

[2] Letourneur était venu à Perpignan avec ses collègues Rouyer et Brunel ; il s'y était étroitement lié avec Lucia. Bien qu'ayant débuté par la carrière militaire, il se trouva plus d'aptitude pour l'administration, car il devint plus tard préfet du Loiret ; c'était un homme d'un caractère faible et d'une nullité remarquable.
Letourneur s'était fait connaître surtout par le projet de décret ayant pour but d'éloigner de Paris les fédérés, dont la présence était l'espoir des Girondins. (Wallon, Tome I, page 52).

[3] Guiter à Lucia, 25 juillet.

mélange[1]. Il ne daigne même pas remarquer que le procès-verbal envoyé par le procureur-général-syndic est la première pièce du procès de l'infortuné général de Flers. Le Comité de Salut public en a été tellement frappé qu'il n'a pas permis qu'on lût ce document à la Convention [2].

Mais ne voilà-t-il pas un grand malheur ? les listes imprimées, publiées par le Comité de Salut public, ne mentionnent pas l'acceptation de la constitution dans les Pyrénées-Orientales. Lucia écrit le 28 août : « Le « Conseil du département me charge de vous faire « connaître la peine qu'il éprouve » de ce qu'on ait oublié un des départements qui ont reçu la constitution « avec le plus grand transport et qui a le premier, « j'ose le dire, témoigné la joie qu'il éprouvait de ce « bienfait national. » A l'appui de son dire Lucia raconte tout ce que nous avons déjà vu plus haut ; il demande que l'oubli soit réparé et que l'on rende justice aux sentiments civiques de ses concitoyens.

Au fond l'enthousiasme était bien faible ; dans le numéro du 25 juillet l'*Écho* publiait une note sur la nouvelle constitution. Il faut se consoler de ce qui est arrivé, il fallait que l'un des partis périsse ; que tout le monde oublie le passé ; la meilleure vengeance que l'on puisse tirer de la Montagne c'est d'accepter la constitution, afin de précipiter les élections.

[1] Letourneur à Lucia, 25 juillet.
[2] Guiter à Lucia, 25 juillet.

## VI.

Influence des événements de Lyon sur la défense du département. — Arrêtés de Dubois-Crancé. — Réclamations de Lucia. — Il demande à se justifier.

Les troubles qui suivirent le coup d'État du 31 mai eurent une influence néfaste sur la défense du département. Un arrêté du Comité de Salut public, en date du 7 juillet, ordonnait de diriger sur Perpignan six bataillons tirés de l'armée des Alpes, trois bataillons de l'armée d'Italie. Cette mesure avait été prise en apprenant la capitulation de Bellegarde. Déjà au mois de juin le Comité avait ordonné d'envoyer en Roussillon des troupes organisées dans l'Isère.

Bonnet était allé à Grenoble trouver Dubois-Crancé et Gauthier, qui retenaient les renforts promis ; ces deux représentants prirent le 12 juillet un arrêté pour expliquer les motifs de leur désobéissance aux ordres du gouvernement. Ils prescrivent qu'on enverra à Perpignan les Allobroges (1,600 hommes dont 300 cavaliers), trois bataillons des Basses-Alpes qui étaient à Montélimart et à Pont-Saint-Esprit, dès que les rassemblements marseillais auront été dispersés. Ils accordent immédiatement deux bataillons de la Drôme destinés à la Vendée.

Le même jour nouvel arrêté modifiant le précédent ; les volontaires d'un bataillon de l'Aude ont envoyé des lettres où il est question de la commission populaire, dont nous avons parlé plus haut. Les représentants décident que l'on prendra des mesures pour que les troupes destinées aux Pyrénées-Orientales ne parviennent dans l'Aude « que lorsque les représentants « du peuple auront acquis la certitude que les corps « administratifs de Carcassonne ont satisfait au décret « du 26 juin et se sont rétractés de toutes les mesures « qu'ils avaient arrêtées. »

Dubois-Crancé craignait que les renforts envoyés ne fussent incorporés dans l'armée départementale, qu'il supposait en formation dans l'Aude. Il n'est pas question dans cet arrêté de ce qui s'est passé à Perpignan. Le représentant ne dut en être informé que vaguement et plus tard. Dans un discours du 19 octobre il dit qu'il menaça l'Hérault, le Gard, les Pyrénées-Orientales, et leur refusa les secours promis ; il nous semble probable qu'il ne se rappelait plus exactement les termes de son arrêté du 12 juillet. Dans ce discours il dit qu'il fit ouvrir les lettres, tandis qu'elles lui furent envoyées par les destinataires eux-mêmes.

Nous avons dit qu'on devait aussi envoyer à Perpignan trois bataillons de l'armée d'Italie. Le 18 juillet Dubois-Crancé, Gauthier et Nioche les mirent à la disposition de Carteaux, jusqu'à nouvelle réquisition de leur part.

Bonnet écrivit le même jour au Comité pour se plaindre des mesures prises par ses collègues ; il exposait que, d'après l'avis de Kellermann, on aurait pu se borner à occuper quelques postes le long du Rhône, en attendant que la constitution fût acceptée et que la campagne des Alpes fût arrêtée par le froid. Il craignait que les opérations tentées par Carteaux, avec une si faible troupe, n'aboutissent à un échec.

Les observations de Bonnet étaient parfaitement fondées. M. Taine a démontré qu'avec un peu de sens politique les Montagnards auraient pu éteindre toutes les résistances [1] et c'est bien ainsi que Bonnet comprenait les choses. Les mouvements fédéralistes lui paraissaient un feu de paille qu'il fallait laisser se consumer. Mais le nouveau Comité avait d'autres intentions : le décret du 12 juillet rendait la conciliation impossible ; Dubois-Crancé avait prévu les dispositions du gouvernement et il ne voulait pas laisser réduire son armée.

D'autre part la ville de Lyon avait arrêté deux bateaux chargés de matériel de guerre destiné à Perpignan. Le 13, Lucia écrivit une lettre à la municipalité pour la supplier de ne pas aggraver la situation du Roussillon [2].

On comprend quel désespoir ces événements causaient aux administrateurs du département. Écrivant le 18 au Ministre de l'Intérieur, Lucia dénonçait ceux qui arrêtaient les renforts : « Je ne connais point de « peine assez forte pour ces scélérats [3]. »

---

[1] Tome III, page 40.

[2] M. Vidal, qui cite cette lettre (Tome II, page 216) s'est figuré que cet embargo était dû à Dubois-Crancé.

[3] M. Vidal qui cite cette lettre (Tome III, page 78) suppose que Dubois-Crancé est visé dans cette dépêche. Il est peu probable cependant que Lucia connût à ce moment l'arrêté du 12 juillet.

Il faut d'ailleurs observer que Carteaux devait, après avoir repoussé les Marseillais, marcher sur Perpignan ; la résistance fut plus longue qu'on ne le croyait et enfin Toulon ouvrit son port aux Anglais.

Quelques jours après il mande au Ministre et au Comité de Salut public : « Lyon d'un côté, Dubois-de-
« Crancé de l'autre, arrêtent nos canons,... nos batail-
« lons. Sévissez vigoureusement contre tous ces hom-
« mes dangereux, qui mettent leurs petites passions
« avant la chose publique... Que tout se réunisse sous
« l'étendard de la constitution, embrassons nos frères,
« marchons en corps contre les despotes coalisés. »

Lucia n'était pas bien au courant de la politique nouvelle inaugurée à Paris ; il croyait comme Bonnet l'insurrection lyonnaise facile à réduire par la conciliation. Pour lui, Dubois-Crancé cherche à se donner de l'importance et fait de la politique personnelle[1].

Après le décret du 6 août il se montre plus réservé ; le 21 il mande au Comité : « Tout est retenu par les
« armées d'Albitte et de Dubois-Crancé ; nous sentons
« la nécessité d'abattre les ennemis de l'intérieur.....
« mais notre situation est pénible.

Le 31 juillet il avait écrit à son ami Siau, qu'il supposait sur le point de partir pour l'armée des Alpes :

« Tout est retenu ou à Lyon ou par Dubois-Crancé,
« Albitte, etc. Je désire que vos nouvelles démarches

---

[1] Le 21 juillet Lucia écrivait à Sartor, administrateur de la Haute-Garonne : « Je peste furieusement contre ceux qui les arrêtent (*les secours*) et qui, par un amour-propre déréglé, voudraient « tout sacrifier à leurs petites passions. »

On trouve très souvent des insinuations de ce genre à l'époque de la Révolution : les hommes politiques accusent leurs adversaires de sacrifier les intérêts du pays à des sentiments peu honorables.

Légier écrivait le 31 août au commissaire supérieur du recrutement que Carteaux et Dubois avaient retenu 12,000 hommes : « Il « serait bien à désirer que tous *ces chefs de parti* voulussent « mettre de côté leur animosité. » Il se faisait l'écho de l'opinion publique du moment.

« auprès d'eux ne soient pas infructueuses ; ils s'expo-
« sent à une terrible responsabilité [1]. »

Bientôt Lucia est effrayé de sa témérité ; en mettant Dubois-Crancé sur la même ligne que les Lyonnais ne va-t-il pas passer pour un fédéraliste ? Le conventionnel n'aurait-il pas été informé des essais de protestation du mois de juin ? Il se soumet humblement et le 28 août il dit :

« Je suis loin d'accuser tous ceux qui arrêtent la
« marche des secours qui nous sont destinés. Si Lyon et
« Marseille veulent un roi, que Lyon et Marseille péris-
« sent avec tous ceux qui ont formé cet épouvantable
« vœu. Je préfère mille fois voir nos biens envahis,
« nos maisons brûlées et que la liberté soit triomphante
« de cette lutte de tyrans, d'émigrés et *d'ennemis*
« *intérieurs bien plus redoutables qu'eux.* »

Après une pareille profession de foi, tout à fait dans le goût jacobin, il déclare n'avoir jamais provoqué de délibération liberticide. Il demande que Dubois-Crancé fasse une enquête. Il a communiqué à la Société populaire la lettre de Siau [2], tout le monde a été étonné des soupçons d'incivisme qui existent à

---

[1] M. Vidal cite ce document deux fois (Tome II, page 302 et tome III, page 78) mais il a mal reproduit le texte. Dans cette lettre, Lucia ne manquait pas de donner des gages : Il disait : « Nous nous « occupons de *purger nos campagnes des aristocrates*, qui y « corrompent l'esprit public et le disposent au joug espagnol. »
Il faut remarquer enfin, que dans cette lettre *personnelle*, il demande seulement à Siau de plaider la cause du Département auprès de Dubois-Crancé, qui désobéissait aux ordres du Comité, ce qui paraissait extrêmement grave à Lucia, habitué à ne pas discuter les volontés du pouvoir.

[2] Siau parti de Paris vers le 16 août avait écrit le 19 à Lucia; sa lettre manque aux archives.

son égard. La Société n'a jamais rompu avec les Jacobins de Paris, mais pendant quelque temps le membre chargé de la correspondance s'est montré négligent [1]. Elle a envoyé à Marseille et à Lyon des députés pour engager ces villes à se soumettre, ils n'ont pu y entrer. « Chambon qui, par sa correspondance active, doit être « au courant de tous les événements, lui rendra sûrement justice. Son amitié avec le représentant Dubois-« Crancé donnera un grand poids à son témoignage [2]. »

Enfin Lucia termine son plaidoyer en assurant qu'il ne ménage pas ses compatriotes. « La masse est inerte, « indolente, égoïste et nous nous occupons de la *pur-« ger de tout ce qu'elle a d'infect* [3]. »

Le procureur-général-syndic s'était donc mis rapidement au niveau des circonstances [4].

---

[1] Dans une lettre du 8 septembre adressée au Comité de Salut public, le représentant Fabre dit : « La Société populaire paraît « prendre une nouvelle énergie ; elle a repris sa correspondance « avec les Jacobins. On peut en tirer parti. » Lucia exagérait évidemment en disant que cette correspondance « avec la Société-« mère était reprise » depuis longtemps.

[2] Chambon était employé à l'armée des Alpes. Le rôle de cet ancien curé paraît assez louche dans toute cette affaire. Lucia dit : « Il est doux pour moi, en servant d'organe à la Société, de « pouvoir interpeller ses ennemis même, comme garants de ce que « j'avance. Chambon, qui etc. »

[3] Il n'est pas probable que Siau ait vu Dubois-Crancé. Dans une lettre datée de Marseille, 6 septembre, il dit qu'il est allé de Vienne à Lyon et y a rencontré Laporte. Il s'étonne de ne pas avoir reçu de réponse aux lettres qu'il a écrites depuis le 19 août.

[4] Dans son *Histoire de la Révolution* (Tome II, page 277), M. Vidal accuse Dubois-Crancé de s'être vengé de Lucia en le faisant chasser de l'administration. Ce grief est reproduit (Tome III, page 79), sous une forme dubitative. Il n'est fondé en aucune manière. Dubois-Crancé a déjà assez de choses sur la conscience sans qu'on lui impute des crimes imaginaires.

M. Vidal oublie évidemment que Julien (de Toulouse) avait signalé, dans son rapport général sur le fédéralisme, Lucia comme le principal coupable des événements de Perpignan et proposé de l'envoyer au tribunal révolutionnaire. Ce rapport ne fut pas discuté, mais il fut imprimé par ordre de la Convention. (Wallon, tome II, page 155).

## VII.

Préliminaires de l'épuration. — Révocation des administrateurs girondins. — Difficultés de la réorganisation des Conseils du département.

On a dû remarquer avec quelle assurance Lucia se défendait d'avoir participé à des mesures liberticides. Il était comme beaucoup d'autres *modérés ;* il croyait que le décret du 26 juin et l'acceptation de la constitution avaient effacé tout souvenir du passé. D'ailleurs nous avons vu avec quelle prudence (pour ne pas dire pusillanimité) la protestation contre le coup d'État avait été menée.

Fabre n'était pas un Montagnard très violent ; cependant il n'oublie pas dans sa correspondance de dénoncer l'esprit fédéraliste qui reste dans le département.

Il écrit le 8 septembre au Comité de Salut public :
« L'esprit public a été longtemps corrompu ; le fédéra-
« lisme qui avait infecté les départements méridionaux,
« y comptait beaucoup de partisans ; il y a encore
« beaucoup *d'hommes à circonstances, qu'il faut*
« *adroitement surveiller.* »

Les deux hommes les plus compromis dans les affaires Girondines étaient Sérane, président du Département, et Fabre, substitut du procureur-général-syndic. Il ne semble pas qu'ils aient rien fait pour faire oublier leur passé ; Sérane avait bien parlé en faveur de l'acceptation de la constitution, mais nous pensons que c'était surtout avec l'arrière-pensée d'être débarrassé du joug de la Convention. C'était un homme digne et fier. Nous trouvons au commencement du mois de septembre un incident qui nous paraît indiquer que ces deux hommes étaient mal vus des gouvernants.

Le représentant Fabre était resté seul à Perpignan, après le départ de Barbentane, que Bonnet accompagnait. Il prit le 5 un arrêté pour interdire la sortie des vivres. Le lendemain il écrivit au Département que l'administrateur Fabre lui avait été dénoncé comme ayant envoyé de la farine à l'extérieur. Sa lettre est très dure. « Il est peut-être heureux pour lui que mon « arrêté n'était pas encore connu. Le président de « votre Département m'a été aussi dénoncé pour avoir « fait sortir il y a deux jours, de la farine de cette ville... « Si les citoyens Fabre et Sérane, administrateurs, « sont les premiers à prévariquer, je ne serais plus « étonné que les administrés en fassent autant. »

Le pauvre Fabre s'excusa, du mieux qu'il put, à la séance du 6 ; il ne connaissait pas l'arrêté ; pour donner une preuve de ses sentiments civiques, il a fait porter au marché tout le blé qu'il avait et l'a vendu au *prix légal*. Lucia parla en faveur de son substitut. Sérane trouva qu'une confession publique, de ce genre, était indigne de lui ; il se borna à déclarer qu'il avait écrit au représentant et ne jugea pas convenable de donner d'autres explications.

Quelques jours après l'administrateur Fabre, ayant été chargé d'une mission par le Département, fut accusé de négligence à la Société populaire et le représentant lui adressa un blâme, au grand déplaisir de Lucia, qui comprenait sans doute très bien quelle était la vraie cause de cette mauvaise humeur.

Au mois de septembre on envoya de nouveau Gaston dans le département ; il est probable que le Comité trouvait les autres représentants un peu tièdes. Gaston était déjà venu avec Fayau et il avait à se venger de Sérane.

Les recrues venues des départements voisins et inoccupées, apportaient un appoint considérable aux exaltés de la Société populaire. Le 5 octobre Bonnet écrivit à ses collègues, à Toulouse, pour leur demander d'envoyer pour quelques jours à Perpignan, un de leurs employés, nommé Mouquet, pour électriser les citoyens. Il est probable que cet individu avait eu maille à partir avec les fédéralistes, car Bonnet dit que « son civisme, « ses talents, ses malheurs même, nous l'ont fait « connaître pour un zélé défenseur des droits du « peuple. »

On peut signaler parmi les préliminaires de l'épuration un incident dans lequel Lucia fut mêlé d'une manière bien désagréable. Le 5 octobre un chasseur à cheval vint déclarer au Département qu'il avait remis deux fusils espagnols à Lucia et que celui-ci les avait gardés. Le procureur-syndic nia le fait et le soldat fut mis en prison ; il devait y rester jusqu'à ce qu'il eût fourni des preuves de son dire. Ennuyé de son sort, le cavalier déclara, le 8, qu'il s'était trompé. Il nous paraît difficile de ne pas voir là une de ces combinaisons comme on en faisait tant à cette époque pour compromettre les fonctionnaires [1].

Le 19 octobre, Sérane déclara à ses collègues qu'il avait écrit aux représentants pour se plaindre que deux individus *étrangers au pays* avaient dit au club que les gens en place étaient gangrenés et que la majorité des habitants de Perpignan étaient des aristocrates.

Les clubistes ne tardèrent pas à imposer leurs idées biscornues et leur despotisme dégradant. Quelques jours après, ils convoquèrent les autorités à une incinération tyrannicide ; on brûla plusieurs charriots de parchemins en grande pompe et un tableau de Rigaud [2] !

Le 27 vendémiaire (18 octobre) Fabre, Bonnet et

---

[1] Il ne faut pas s'étonner de voir des affaires de ce genre commencées sans preuves. Le 8 septembre Lucia avait dénoncé au Département un des administrateurs, Coronat, pour avoir échangé un assignat à face royale avec perte de 10 0/0 et s'être servi d'un cheval de l'Etat. Le 17 Coronat se disculpa et le procureur-syndic déclara qu'il s'en était rapporté à la voix publique et qu'il n'avait aucune preuve.

[2] M. Vidal assure que ces parchemins n'avaient pas grande valeur (Tom III, page 81). Cette appréciation *dénuée de preuves*, nous paraît bien contestable.

Dans le n° de l'*Echo* du 18 octobre on lit que la Société populaire a décidé de se régénérer en expulsant les royalistes, les aristocrates et les fédéralistes. « Ceux-là seuls seront reçus ou rentreront dans
« le sein maternel, qui une fois admis à la table où se distribue le
« pain sacré des hommes libres, n'ont jamais eu de goût que pour
« cette nourriture ineffable. »

Le rédacteur de l'*Echo* était l'un des administrateurs qui furent révoqués quelques jours après. Il était directeur du Collège de Perpignan et prêtre. Soubrany écrivait le 6 pluviôse à Chaudron-Rousseau que le journal et le rédacteur étaient méprisables.

Gaston[1] avaient pris, au camp de Banyuls, un arrêté qui débute ainsi : « Considérant que lorsque le théâtre « de la guerre s'éloigne du département des Pyrénées- « Orientales, il est instant de prendre des mesures « pour arrêter les suites que pourraient avoir les « projets de fédéralisme qui *paraissent* avoir été « formés dans le département ; que jusqu'ici la pré- « sence de l'ennemi, le danger commun et l'énergie « républicaine ont empêché ces projets de prendre une « certaine consistance[2]. » En conséquence sont suspendus tous les fonctionnaires ayant signé des délibérations sur le coup d'État ; la liste sera dressée par le Comité de surveillance de la Société populaire *régénérée*, qui présentera des candidats pour les places vacantes.

Lucia eut certainement connaissance de cette mesure ; il alla au camp et le 3 brumaire il vint annon-

---

[1] Le rapport d'Amar sur les Girondins est du 3 octobre ; c'est ce jour que Guiter fut arrêté, comme signataire de la protestation secrète contre le coup d'État.
On profita probablement de l'absence de Cassanyes, dont la situation était assez délicate. Il semble qu'il n'ait gardé aucun souvenir de ce qui se passa alors. Il dit que Bonnet était chargé de la partie politique, c'est une erreur ; aucun représentant ne rendit autant de services à l'armée des Pyrénées-Orientales.

[2] Il est difficile de dénaturer davantage la vérité ; les projets fédéralistes n'avaient jamais eu de consistance dans le département et les principaux fonctionnaires avaient fait largement amende honorable. Personne ne songeait plus à ces événements que pour en faire oublier le souvenir. La crainte que prétendent avoir les représentants est une pure comédie.
Dans une lettre du 30 juillet (Wallon. *Les représentants du peuple*, tome II, page 385) Espert, Cassanyes et Bonnet avaient dit au Comité que quelques Départements du Midi « avaient donné à « droite après le 31 mai ; mais ils ont rétracté leurs arrêtés et « accepté la constitution. »

cer au Département qu'il partait pour Paris parce qu'il avait été dénoncé à la Convention ; il ne donnait pas sa démission. Fabre, son substitut, déclara qu'il s'engageait comme soldat ; il espérait sans doute se faire oublier [1].

L'administration resta quelques jours désorganisée ; les représentants prirent le 6 brumaire un arrêté révoquant Lucia, Sérane, Fabre et onze administrateurs ; ils pourvoyaient en même temps à leur remplacement.

Une circulaire du même jour, adressée aux nouveaux administrateurs, exposait les motifs de la mesure : « Il était instant de remplacer les fonctionnaires publics « de cette ville, qui, par leur propension au fédéra- « lisme, n'étaient pas à la hauteur des circonstances... « La manière énergique et constante dont vous avez « été attaché à la cause du peuple... nous fait espérer « que les républicains de cette ville s'applaudiront du « choix qui vous appelle aux fonctions administra- « tives. »

L'arrêté ne fut notifié au Département que le 18 brumaire ; on avait au préalable épuré la municipalité et le district [2]. Ce travail ne marchait pas facilement, car le 13 Bonnet écrivit à Bentabole qu'il ne pouvait encore s'occuper du département de l'Aude, n'ayant pu achever à Perpignan, « soit par des refus d'acceptation, « soit par l'incertitude de l'opinion sur les sujets. »

---

[1] Nous reviendrons sur les motifs du départ de Lucia.
[2] Le district fut épuré le 9 brumaire, le président déclare « que « ni lui, ni aucun des membres qui si trouvent suspendus n'avaient « jamais eu la moindre propension pour le fédéralisme. »

Quelques membres montraient peu de zèle ; un des administrateurs conservés, Parès-Py, avait été nommé président, mais il ne se pressait pas de venir ; le 22 brumaire ses collègues le sommèrent de siéger « sous « peine d'être regardé comme suspect et traité comme « tel [1]. »

Chose curieuse, le 26 brumaire le Département chargeait un des administrateurs révoqués d'aller dans les communes du district de Céret pour remplacer les fonctionnaires d'un civisme insuffisant.

L'épuration n'était pas encore complètement satisfaisante, car le 17 frimaire le Département dénonçait cinq de ses membres comme n'étant plus dignes de siéger [2].

Le 5 nivose arrivait la loi du 14 frimaire organisant le gouvernement révolutionnaire et le Conseil du département était dissous.

---

[1] Durant la période révolutionnaire on voit continuellement les Conseils avoir la plus grande peine à retenir leurs membres. Tout le monde cherche à éviter de participer à une administration compromettante. L'agent national du district, Abdon Tastu, notaire, (qui prit le prénom harmonieux d'*Ardoise*) fit des efforts inouïs pour se retirer ; mais on ne voulait pas le laisser partir ; on en nomma deux autres qui refusèrent. Le 27 germinal an II il déclare qu'il est insuffisant pour remplir la tâche que lui impose la loi. Il est obligé de rester.

[2] Dans cette même séance le Département dénonça 6 médecins dont Anglade, premier médecin de l'armée. L'épidémie si cruelle qui sévissait à Perpignan aurait dû faire comprendre que la médecine ne se règle pas sur les formules de la politique.

## VIII.

Mesures révolutionnaires de Milhaud et Soubrany. — Arrestation de Sérane. — Lettre à Fouquier-Thinville. — Dignité de Sérane. — Dougados et Escalaïs.

Les désastres de la fin de l'année furent, comme c'était l'usage du temps, attribués à l'incivisme et à la trahison. Les représentants furent changés et le 18 nivose arrivaient Milhaud et Soubrany. Après avoir fait incarcérer les officiers que le Comité de Salut public leur avait indiqués comme traîtres, ils s'occupèrent de mettre en vigueur les principes révolutionnaires.

Beaucoup de personnes furent arrêtées à la fin du mois [1] ; le 4 pluviose les représentants demandèrent à la Société populaire de leur donner des notes sur les suspects ; ils recommandaient d'envoyer au tribunal révolutionnaire les dénonciations contre les officiers traîtres et les dilapidateurs et de faire un triage parmi les détenus civils en distinguant les indigents égarés des « *gangrenés qui ont vraiment besoin d'une cure* « *révolutionnaire.* » Ils demandaient des renseignements sur la conduite « des contre-révolutionnaires et « des meneurs fédéralistes de tout le département, afin « qu'aucun des vrais coupables, qui ont voulu égarer le « peuple, n'échappe au glaive de la loi. »

---

[1] Le 29 nivose le District ému de ces arrestations demanda des explications au Comité révolutionnaire : le procès-verbal de la séance du District ne fait pas connaître la réponse qui fut faite.

Le 13 pluviose les représentants écrivaient au Comité de Salut public. « Nous avions fait faire une
« rafle révolutionnaire de tous les parents d'émigrés
« et des fédéralistes, parmi lesquels nous avons cru
« (*devoir*) en faire marcher deux pour le tribunal
« révolutionnaire de Paris. Ces individus sont Sérane,
« ci-devant président, et Fabre, vice-procureur-général-
« syndic de ce département, tous deux agents de
« Birotteau, prédicateurs de fédéralisme, prévenus
« d'avoir fait crier à l'ouverture des séances de la
« Société : « *Périssent la Montagne, Marat et ses
« complices*[1] », et d'avoir provoqué la force départe-
« mentale. Lucia, ci-devant procureur-général-syndic
« et ex-législateur, présentement à Paris, est leur
« complice et zélé coopérateur. C'est lui qui est la
« cause principale de l'égarement du peuple. »

Ils annoncent qu'ils ont fait envoyer à Montauban une douzaine de suspects ; ils sont persuadés qu'il faut guillotiner « tous les meneurs fédéralistes et la moitié
« des suspects. »

Le Comité de Sûreté générale lança immédiatement un mandat d'amener contre Lucia. Les représentants n'ayant pas été informés de cette mesure, bien décidés

---

[1] Cette accusation a peut-être quelque fondement. Dans une lettre du 7 mars, adressée au président de la Convention, Lucia raconte qu'au mois de novembre on arrêta à Perpignan un agent révolutionnaire nommé Ducruix. « Les cris de *Vive la loi, vive la Républi-
« que, périssent les maratistes* (c'est ainsi qu'on désigne ici les
« agitateurs) se font entendre de toutes parts. »
Le 12 brumaire l'*Echo* donne le programme d'une fête en l'honneur de Marat et Lepelletier que doit célébrer la Société populaire ; on y lit : « enfin les registres, que flétrirent, hélas ! de sacrilèges ana-
« thèmes prodigués à Marat, offerts en holocauste expiatoire aux
« mânes de l'ami du peuple. »

à ne pas lâcher leur victime, écrivirent le 29 pluviose à Fouquier-Thinville pour lui rappeler cette affaire.

« Lucia... aura sans doute été mis en état d'arresta-
« tion, d'après notre lettre au Comité de Salut public
« du 13 de ce mois; s'il ne l'était pas, tu donneras des
« ordres pour qu'il le soit. Tu pourras avoir des
« renseignements sur sa demeure au Comité de Sûreté
« générale ou peut-être au Comité de Salut public.
« Nous te faisons passer toutes les pièces que nous
« avons pu recueillir contre ces trois individus et contre
« Vaquer, ci-devant maire de Perpignan, également
« contre-révolutionnaire. Ces pièces sont portées aux
« numéros suivants :

« 1° Extrait des registres de la commune de Perpi-
« gnan, signé Vaquer, maire, du 14 juin.

« 2° Séance de l'Assemblée de Saint-Jean du
« 16 juin. Signé : Lucia, président, Viguier et Ségui,
« Figeac secrétaire.

« 3° Suite de la séance du 16. Signé idem.

« 4° Les citoyens de Perpignan légalement assem-
« blés à l'église de Saint-Jean aux administrateurs du
« département des Pyrénées-Orientales. Signé idem.

« 5° Profession de foi politique des corps adminis-
« tratifs et de la Société populaire de Perpignan.

« 6° Une pièce signée : Sérane, président et Estève,
« secrétaire. Ce dernier a nié sa signature, en signant
« [?] la dite pièce [1].

« 7° Plusieurs imprimés contenant l'exposition des
« principes et de la conduite des corps administratifs.

---

[1] Cet Estève fut nommé quelque temps après accusateur public au tribunal criminel par Milhaud et Soubrany.

« 8° Extrait des registres de la séance permanente
« du Conseil du département des Pyrénées-Orientales,
« signé : Sérane, président, Estève, secrétaire-général,
« du 26 juin[1].

« 9° Pièce imprimée. Le substitut du procureur-
« général-syndic du département des Pyrénées-Orien-
« tales aux officiers municipaux des communes de ce
« département. Signé Fabre.

« Tu voudras bien nous accuser la réception de toutes
« ces pièces et nous instruire si Lucia est arrêté. »

Cassanyes croyait avoir détruit toutes les preuves du mouvement fédéraliste de Perpignan[2]. Nous avons déjà vu que Lucia avait tenu le ministre au courant et lui avait envoyé ces documents ; mais il est probable qu'ils s'étaient égarés à Paris[3]. Cassanyes croyait que son ami Sérane avait été condamné sur de vagues dénonciations : on voit combien il se trompait.

La femme de Fabre essaya de sauver son mari en établissant qu'il avait été l'un des patriotes les plus marquants du pays. Le registre du District contient l'enquête qu'elle fit devant cette assemblée. Elle produisit des témoins qui déclarèrent que Fabre était l'auteur de deux brochures anonymes parues en 1790 : quelques-uns reconnurent que ces publications avaient fait le plus grand bien.

Les trois malheureux n'en furent pas moins traduits

---

[1] Ce procès-verbal manque dans le registre du Département; il a été probablement arraché pour être envoyé en original.

[2] Fervel rapporte la même chose, sans doute d'après les renseignements que lui avait donnés Cassanyes.

[3] De plus il avait été envoyé des documents aux Départements et M. Wallon en a retrouvé plusieurs.

devant le tribunal révolutionnaire et guillotinés le 1ᵉʳ messidor an II.

Ce n'est qu'un mois après (4 thermidor) que l'infortuné général de Flers montait sur l'échafaud où le conduisaient les dénonciations portées contre lui par l'administration proscrite depuis. Fervel [1] dit : « Les « Conseils du département, présidés par Sérane et « ardemment assistés par le procureur-général-syndic « Lucia, eurent la cruauté de libeller, pour le Comité « de Salut public, en considérant de l'arrêté des repré- « sentants, un réquisitoire qui était alors un passeport « pour l'échafaud. Honteuse démoralisation des temps « de discordes civiles que l'histoire doit flétrir pour « la tardive justice du passé et, à tout hasard, pour « l'ingrat enseignement de l'avenir ! »

Nous croyons que l'historien militaire a eu tort de mettre sur le même rang Sérane et Lucia : la responsabilité doit peser entièrement sur le second. Sérane présidait le Département, mais c'était Lucia qui menait toutes les affaires [2] et dictait toutes les décisions. Il nous semble même que ces deux hommes ne vivaient pas en très bonne intelligence.

[1] Tome I, page 101.
[2] Lucia avait accaparé toute l'administration; il jouait plutôt le rôle d'un préfet que d'un procureur-syndic. Toute la correspondance était faite par lui : c'est toujours à lui qu'on s'adresse. Le secrétaire général Estève déclara plus tard que plusieurs administrateurs s'étaient plaints d'être ainsi annihilés. Quand Lucia partit, il n'avait remis à personne la correspondance et on fut assez longtemps avant de pouvoir la retrouver.
Un individu, qui avait été enfermé comme suspect à la citadelle de Montpellier, écrivait le 15 frimaire au Comité de surveillance, pour se plaindre de la manière dont Lucia l'avait traité « quand il « régnait encore. »

Nous avons déjà parlé de la lettre écrite par Sérane contre Gaston et Fayau. Le procès-verbal de la séance du Département en date du 27 mai est curieux à consulter. Le procureur-général-syndic *appelle l'attention de l'assemblée* sur la grave communication qu'il va faire : il dépose un numéro du journal des *Débats et Décrets* où se trouve la lettre incriminée. « Je « demande... qu'il soit interpellé de déclarer, s'il est « l'auteur de la lettre et s'il l'a écrite comme président « du Département et en son nom... ou bien comme « simple citoyen, dans laquelle hypothèse il n'aurait pas « dû signer président du Département... » Il demande que l'on prenne un arrêté improuvant la lettre de Sérane.

Sérane tint courageusement tête à l'orage ; il dit : « Cette lettre qui commence par ces mots, *comme « citoyen* et finit par ceux-ci, *parlez, je porterai ma « tête au tribunal révolutionnaire...* n'appartient et « ne peut appartenir à l'administration,... j'ai voulu et « je veux demeurer responsable et seul chargé des « opinions que j'y énonce et des demandes que j'y « fais... »

Le Conseil n'osa pas suivre Lucia jusqu'au bout ; la fierté de Sérane effraya ses collègues et l'on passa à l'ordre du jour.

Lucia n'était pas satisfait ; il écrivit le 29 au directeur des *Nouvelles politiques,* qui avait cité la lettre et la lui avait attribuée, pour lui faire savoir qu'elle était de Sérane. Le même jour il adressait au Comité de Salut public le procès-verbal de la séance du 27 et protestait contre les opinions de Sérane. C'était une véritable dénonciation, qui serait inexplicable si Lucia eût été l'ami du président.

Sérane avait été précédé à l'échafaud par un personnage qui eut à Perpignan son heure de célébrité, l'ex-capucin Dougados. Ce procès est raconté en détail par M. Wallon dans son *Histoire du Tribunal révolutionnaire* (Tome II, pages 350 et suivantes). Nous la résumons ici, en y ajoutant quelques détails nouveaux.

Au mois de mai la ville de Perpignan envoya à Paris des délégués pour réclamer du secours et exprimer à la Convention « le vœu des habitants ». Dougados et Escalaïs étaient des patriotes de la première heure [1].

En revenant, le capucin fut arrêté à Béziers pour avoir mal parlé du coup d'État ; il écrivit à Perpignan et le 26 juillet le Département délibérait d'envoyer un certificat constatant le civisme de l'inculpé ; mais le club bitterrois ne se tint pas pour battu et il dénonça Dougados le 4 août à la Convention.

Le malheureux fut enfermé à Perpignan ; le 26 août les représentants adressaient leurs félicitations à la Société populaire de Béziers pour sa dénonciation. Ils avaient reçu le procès-verbal de la séance du 15, dans laquelle on rapportait que Dougados s'était vanté à Montpellier d'avoir coopéré à l'évasion de Birotteau [2].

---

[1] Cassanyes dit dans ses mémoires que Dougados était venu intriguer à Paris. Il se trompe (ce qui lui arrive d'ailleurs bien souvent. Dans la délibération du 26 juillet le Département rappelle aux Bitterrois que Dougados est le délégué de Perpignan.

[2] Cassanyes dit dans ses mémoires qu'en effet Birotteau s'enfuit dans la voiture de Dougados.

Ils informaient le club que le jury d'accusation, après avoir examiné le dossier, avait renvoyé l'accusé au tribunal révolutionnaire. Ils terminaient ainsi : « Ne « vous lassez pas de cette surveillance que vous exer- « cez si utilement. Faites-nous connaître ces prédicants « à la mode, ces détracteurs de la Convention et de ses « décrets... et soyez assurés qu'en vrais citoyens et « *dignes pères de la patrie*, nous ferons appesantir « sur eux le glaive de la loi. »

Dougados écrivit à Fouquier et celui-ci ordonna le 27 septembre son transfert à la Conciergerie ; il y fut envoyé le 9 octobre en voiture, parce qu'il était atteint d'une grave maladie vénérienne. M. Wallon a publié le certificat médical.

La mère de ce capucin s'était adressée à Lucia, qu'elle regardait comme le protecteur naturel de son fils. Le procureur-syndic lui répondait le 23 août : « J'ignore précisément l'inculpation faite à votre fils. « Je sais, par la *voix publique*[1], qu'on l'accuse d'avoir « voulu avilir les représentants et décrier la nouvelle « constitution... J'avais toujours cru Dougados un bon « citoyen, un franc républicain ; je désire ne pas « m'être trompé... Personne ne souhaite plus que moi « qu'il puisse se justifier. » Il était difficile de se montrer plus indifférent pour le sort d'un ancien coreligionnaire politique [2].

---

[1] Lucia écrivait le même jour à sa mère : « Dougados est en « prison et sa procédure renvoyée par le tribunal criminel au tribu- « nal révolutionnaire. On l'accuse de propos indiscrets et criminels « et de faits très graves. Le temps nous instruira. »

[2] Dans sa lettre à Lucia la mère de Dougados disait : « Vous « êtes la première personne qui avez écrit à ce cher enfant pour

La pièce essentielle du procès était une lettre écrite à Lyon par Birotteau, le 6 juin, qui se terminait ainsi : « Je ne vous affligerai pas davantage par le tableau « des maux auxquels nous sommes en proie. Je laisse « ce soin aux citoyens Escalaïs et Dougados. »

Nous pensons que c'est cette même lettre qui avait été lue le 15 juin au Département[1] ; elle entraîna la mort de Dougados exécuté le 24 nivose. Il est probable qu'elle amena également Escalaïs devant la justice révolutionnaire ; mais il ne fut pas envoyé à Paris. Milhaud et Soubrany avaient transformé le tribunal militaire en tribunal révolutionnaire.

---

« l'engager d'aller à Perpignan occuper la chaire d'éloquence. S'il
« ne s'est pas rendu indigne de cette affection, que vous lui avez
« donné des preuves non équivoques dans le temps, daignez lui
« faire tenir l'incluse... Il a donné tant de preuves de patriotisme,
« il a fait tant de patriotes à Carcassonne, dans sa famille, car,
« comme femme, je crois que sans lui j'aurais aussi été fanatisée. »

[1] Dans le procès-verbal du Département il est question d'une lettre du 7 juin, mais souvent les dates sont mal indiquées dans ce document. M. Wallon a publié la lettre produite au tribunal révolutionnaire.

## IX.

Causes de la fuite de Lucia. — Sa vie à Paris.
Ses souffrances morales et physiques. — Sa mort.

Nous avons exposé le rôle de Lucia dans la résistance Girondine, nous avons dit comment il quitta l'administration le 3 brumaire. Une légende s'est formée sur les derniers jours de ce personnage. M. Vidal, qui a étudié avec passion la vie de cet homme politique, dit[1] : « Ses derniers moments nous sont à peu près « inconnus. Mandé à Paris, il s'y rendit, malgré les « supplications de sa pauvre mère... Je l'ai dit, c'était « au moment où les Girondins montaient sur l'écha- « faud. Lucia comprit que tout était fini pour lui. Il « renonça à la fuite et se fit administrer du poison. »

Il n'existe aucun mystère sur la fin de Lucia et il est facile de retracer les derniers temps de sa vie.

Lucia ne fut pas mandé à Paris ; nous avons dit qu'il quitta le département volontairement, quelques jours avant sa révocation. La mesure qui le frappa n'avait rien de personnel, elle atteignait tous ceux qui étaient soupçonnés d'avoir pris part au mouvement Girondin.

---

[1] Tome III, page 80. Il ajoute un peu plus bas : « Je ne trouve plus « traces de Lucia dans nos archives. Une fois ou deux le substitut, « qu'on lui avait donné, se contente de dire que le citoyen Lucia « est absent. *Et c'est tout; puis l'obscurité, l'oubli !* » Nous avons vu qu'il n'avait pas été oublié ; trop heureux si son nom n'eût pas été encore présent à toutes les mémoires !

Lucia était du nombre puisqu'il avait présidé l'assemblée tenue à Perpignan pour protester contre le coup d'État.

Le procureur-général-syndic avait de bonnes raisons pour abandonner le département. La loi du 17 septembre faisait tomber dans la catégorie des suspects les fonctionnaires révoqués. Il pouvait craindre que ses ennemis personnels ne cherchassent à le frapper.

Des considérations de famille engageaient Lucia à quitter le pays; tout rapprochement avec sa femme était devenu impossible. Il avait épousé le 23 août 1772 Rose Cremadells, veuve de Costa de Cremadells, et il n'avait pas d'enfants. En 1783 il avait eu une fille d'une femme nommée Marguerite G... Il eut l'idée assez singulière d'introduire cet enfant dans sa maison. Lorsque la mère de Lucia quitta Perpignan pour aller à Saint-Pons, au mois de juillet 1793, elle emmena avec elle la petite Adélaïde. Dans une lettre du 23 août il disait à sa mère : « Parlez-moi de la petite... ; au reste « ma femme ne lit pas vos lettres. »

A la fin du mois d'août, comme on craignait le siège de Perpignan, Lucia envoya sa femme à Saint-Pons. Il écrivait le 30 : « Elle est prévenue que la petite est « avec vous. Je lui ai tout avoué, et elle n'en a pas paru « affectée. Je vous recommande de nouveau cet enfant « et j'exige de votre tendresse... que vous la traitiez « comme ma fille. » Madame Lucia n'était pas aussi résignée que le croyait son mari, elle manifesta à son arrivée à Saint-Pons tout son mécontentement. Il écrivait le 7 septembre à sa mère : « Sa conduite vis à « vis de la petite m'étonne, après ce qu'elle m'avait

« dit, et me prouve la fausseté de son caractère. » Il se propose d'adopter l'enfant ; « je le ferai dès que je « serai libre » ; il recommande de la mettre en pension si on ne peut la garder à la maison ; il dit qu'il a l'intention de ramasser assez de capitaux pour pouvoir rembourser la dot de sa femme, ce qui fait supposer qu'il songeait peut-être à divorcer.

Dans une lettre du 29 il revient sur ce sujet ; il est très mécontent de la conduite de sa femme et annonce qu'il a des projets dont il ne pourra entretenir sa mère que de vive voix.

Nous n'avons pas de lettres de Lucia à sa mère jusqu'au 8 pluviose ; il est occupé à s'établir à Paris, il s'est associé avec un libraire ; le 7 ventose il annonce qu'il sera installé le 14 au coin de la place de la Victoire et de la rue Croix-des-Petits-Champs.

La guerre avait occasionné des pertes énormes à tous les propriétaires du Roussillon ; on avait promis des indemnités, mais, à cette époque, il était fort difficile de se faire payer, et d'ailleurs Lucia, étant tombé du pouvoir, accusé de fédéralisme, n'avait aucune chance de rien obtenir. Sa propriété de Trouillas avait servi de quartier-général à Ricardos ; fort heureusement pour lui, les Espagnols avaient mieux respecté ses oliviers que ne le faisaient les soldats français autour de Perpignan.

Lucia était gêné dans ses affaires ; le 7 septembre il disait à sa mère de ne pas trop s'alarmer, qu'il leur resterait une honnête aisance ; mais les revenus étaient faibles pour le moment. Dans ses lettres écrites de Paris on voit qu'il se soumet à une stricte économie ;

le 7 ventose il dit qu'il vit avec son associé et son commis et qu'ils font venir leur nourriture de l'auberge pour économiser les frais d'une domestique.

Il parle souvent des sommes importantes qu'il lui faut, tant pour se soigner que pour constituer son fonds de magasin. Le 3 germinal il écrit que quelques scélérats veulent le dépouiller de son patrimoine : « il m'en coûtera quelques mille livres,[1] mais nous « aurons toujours de quoi *vivre en bons sans-« culottes* et mon commerce suppléera au reste. » Dans une lettre du 8 germinal il dit : « Je fais des « dépenses considérables dont ma santé et *d'autres « circonstances* sont la principale cause. C'est une « grêle qu'il faut savoir endurer ; ce serait bien pis si « l'ennemi s'était emparé de tout, la providence est « juste, elle réparera nos pertes. »

Marguerite était venue le rejoindre à Paris ; il écrit le 3 germinal : « Marguerite vous dit mille choses ; « son service m'est très utile ;... elle est une preuve « que le bon cœur vaut mieux que l'esprit. »

Il n'est jamais question de sa femme dans cette correspondance.

Il avait l'intention de faire venir sa mère à Paris ; il

---

[1] Nous pensons que Lucia fait ici allusion à sa situation d'accusé ; il ne parle jamais à sa mère du mandat d'arrêt délivré contre lui. Etant détenu à domicile sous la garde d'agents révolutionnaires, il jouissait en réalité d'une grande liberté, mais il fallait payer ses gardiens et les payer cher probablement, car ceux-ci se montraient fort accommodants. On voit par une lettre du 7 floréal qu'il sortait tous les jours à pied ou en voiture. Il disait à cette date : « Je dois « bien des grâces à la providence qui me console et me soutient « dans la tourmente des persécutions. »

lui dit le 17 germinal qu'il ne pourra lui parler complètement de ses affaires que lorsqu'ils seront ensemble.

Il n'est jamais fait mention de personnages politiques et Lucia semble avoir été abandonné de tous ses anciens amis. A ce moment Guiter était en prison, Birotteau avait été exécuté à Bordeaux, Montégut était un être inepte [1] ; mais il y avait deux autres députés du département avec lesquels Lucia avait pû être en relations : Fabre (de Vinça) et Cassanyes. Il est vrai que le premier était un homme d'une timidité extrême, pour ne pas dire un poltron, et qu'il aurait peut-être craint de se compromettre.

Il ne semble pas qu'il y eût beaucoup de sympathies entre Lucia et Cassanyes [2] ; celui-ci remarque dans ses mémoires que le procureur-général-syndic le reçut avec beaucoup de sans-façon à son arrivée dans le département. Cassanyes fut très frappé de la condamnation de Sérane, qui lui parut un des crimes les plus caractéristiques de la Terreur ; il ne dit pas un mot du séjour de Lucia à Paris. Ces deux hommes différaient trop par le caractère : Cassanyes franc, loyal, dévoué,

---

[1] C'est ainsi que le désigne Cassanyes.
[2] Lorsque Dagobert fut arrêté dans sa marche sur la Seo d'Urgel par Cassanyes, Lucia écrivit une lettre au général dans laquelle (contrairement à ses habitudes) il se permit d'amères réflexions sur le rôle des représentants ; mais il n'avait pas bien peur de Cassanyes. « Il serait bien à désirer que chacun se renfermât dans les
« bornes de ses fonctions. Le zèle ne supplée pas toujours au talent
« et l'on ne sait bien que ce que l'on a appris par théorie et par une
« longue pratique... Si nous ne pouvons par faire tout le bien que
« nous entrevoyons, faisons au moins tout celui qu'il nous est *permis*
« de faire. » M. Vidal (Tome III, page 76) ne semble pas avoir remarqué que cette critique sévère s'adresse à Cassanyes.

Lucia léger, changeant et toujours prêt à abandonner ses amis.

On est encore plus étonné de ne pas voir Lucia en relations avec Letourneur et les députés qu'il avait connus intimement ; mais ils ne tenaient peut-être pas beaucoup à se trouver en contact avec un accusé. D'ailleurs il ne faut pas trop s'attacher au sens littéral quand on examine les correspondances de cette époque. Letourneur accable Lucia de compliments ; cette extrême politesse et ces grandes démonstrations d'amitié ne sont le plus souvent, au xviii° siècle, que des formules s'alliant très bien à une grande indifférence.

L'isolement pèse à Lucia. Il disait le 23 ventose : « Tout se compose dans la vie d'un côté des maux et « des chagrins, de l'autre des remèdes et des consola- « tions. C'est ce que j'éprouve d'une manière sensible. Je « trouve ici des amis faits pour m'attacher à la vie et « pour me faire oublier l'ingratitude de quelques « hommes. » Le 8 germinal : « Je ne reçois aucune « nouvelle pour ce qui intéresse nos affaires, j'en « présume la cause, mais il faut respecter toutes les « erreurs.[1] »

Lucia était malade depuis longtemps ; il était atteint

---

[1] Cet abandon était bien dans les mœurs de l'époque. Nous avons dit avec quelle indifférence il parle de Dougados arrêté. Pendant les démêlés de Dagobert avec Fabre, il est fort embarrassé ; il avait partagé l'enthousiasme universel, mais il n'ose pas se prononcer contre les représentants. Il écrit à Siau, le 2 octobre : « Ne reve- « nons pas sur le passé ! Cela m'entrainerait dans des explications « que je garde pour notre première entrevue. » Il craignait de parler de la démission de Dagobert.

d'une hydropisie sur laquelle il donne de nombreux détails dans sa correspondance[1]. Le 23 août il écrit à sa mère : « Je me porte bien, mes jambes ne sont plus « si enflées et mon humeur s'écoule par les urines très « abondamment. » Le 29 septembre : « Ma santé est « bonne, mes jambes se dégorgent ; j'ai appétit et je « prends des chairs. »

Les inquiétudes, de toute nature, qui vinrent l'accabler à la fin de l'année, furent évidemment très nuisibles à sa santé. Le 8 pluviose il écrit : « Ma santé va bien, « mais, à mesure que je désenfle, je sens plus ma « faiblesse ; ma tête surtout s'en ressent ; je suis « incapable d'aucune application sérieuse ; je ne puis « écrire sans être fatigué. Mon corps et mon âme ont « bien souffert ; je me félicite tous les jours du parti « que j'ai adopté. » Le 7 ventose : « Mon médecin « trouve beaucoup de mieux dans mon état et paraît « bien persuadé que l'été me restituera des forces, que « les peines et les fatigues ont bien épuisées. C'est « surtout mon estomac qui est souffrant ;... comme « j'évacue une humeur qui était depuis trois ans « stagnante, je sens qu'il faut prendre patience et je le « fais. » Le 27 germinal : « Ma santé va un peu mieux « qu'elle n'a été tout cet hiver ; mes cuisses et mes « jambes ont été un peu dégagées... Mon estomac se « répare un peu ; je fais usage du *garus* et je verse « par le fondement des eaux considérables, ce qui me

---

[1] Nous sommes obligé d'insister sur ces détails parce qu'il est essentiel de montrer que la mort prématurée de Lucia n'a rien que de très naturel.

« soulage d'autant. » Le 7 floréal il annonce que l'enflure des jambes a presque totalement disparu.

Le 21 pluviose, quand on était venu pour l'arrêter, on avait constaté qu'il ne pouvait être mené en prison ; « ayant les deux jambes et la main gauche « très malades et tout le corps dans un état d'enflure « générale, étant obligé de faire panser ses jambes « deux fois par jour... » Les agents du Comité révolutionnaire de la Halle au blé décidèrent qu'il resterait chez lui sous la surveillance de deux gardiens.

Il mourut le 5 prairial [1] dans sa maison ; l'acte de décès lui donne simplement la qualité de libraire ; il est possible qu'il fît mystère dans son entourage de son ancienne situation.

A Perpignan le District avait ordonné le 18 floréal de mettre les scellés sur les papiers de Lucia, parce que la maison était abandonnée et qu'il pouvait y avoir dans son cabinet des documents précieux pour l'administration.

Le 14 messidor l'agent national requit la saisie des biens appartenant à Sérane, Fabre et Vaquer, condamnés à mort ; il ignorait ce qu'était devenu Lucia et croyait qu'il avait partagé le sort de ces trois malheu-

---

[1] Nous sommes bien loin, on le voit, de l'époque de l'exécution des Girondins, guillotinés le 10 brumaire, soit 6 mois auparavant. M. Vidal tient ses renseignements d'une vieille femme, qui aurait été domestique chez la mère de Lucia. Des commérages de servante sont rarement d'un grand secours pour les historiens. L'auteur a d'ailleurs été mal renseigné sur les affaires de la famille. Il dit à tort qu'il y eut séparation entre Adélaïde et son mari et que les biens furent acquis au Domaine après la mort de celui-ci. Le mari fut le tuteur de sa femme devenue folle et mourut avant elle. Les souvenirs de la « bonne et vieille » *Raballa* étaient évidemment fort peu précis.

reux. Le District décida qu'avant de prendre des mesures relatives aux biens de l'ancien procureur-général, on attendrait de savoir s'il avait été condamné.

Il existe plusieurs lettres du député Fabre (de Vinça) à la mère de Lucia. Le 20 messidor il lui écrivait :
« La citoyenne Marguerite doit être de retour chez toi
« depuis quelques jours... Vous méritez des consola-
« tions l'une et l'autre ; partagez la douleur, c'est le
« moyen de la supporter plus aisément. »

Lucia n'avait pas été mis en accusation ; M. H. Wallon a bien voulu s'en assurer. Cependant il y avait à ce moment un tel désordre dans les idées que les scellés restèrent longtemps apposés sur la boutique de Paris. Fabre disait, le 20 messidor, qu'il y aurait de grandes difficultés parce qu'il était mort en état d'arrestation. « Reste à décider si les motifs, qui l'y ont fait mettre,
« ne seront pas discutés tout comme s'il était en vie. »
Il avait parlé de l'affaire à plusieurs membres du Comité de Sûreté générale et il avait quelques doutes sur l'issue.

Le 27 thermidor il revient sur le même sujet. « Sois
« convaincue que, s'il n'a pas été coupable, sa mémoire
« ne sera pas flétrie... Tu prends pour une chimère la
« question de savoir si on peut informer et instruire
« le procès contre ceux qui sont morts en détention...
« Dans ces circonstances on laisse de côté les lois ordi-
« naires ; inutilement aurait-on organisé un tribunal
« révolutionnaire [1]. »

---

[1] Le 20 brumaire on avait décidé que les biens des individus contre lesquels avait été dressé l'acte d'accusation par le ministère public du tribunal révolutionnaire et qui se suicidaient, seraient

Le séquestre ne fut levé à Paris qu'assez tard, car la vente du fonds de librairie eut lieu le 22 ventose an III. A Perpignan il ne semble pas que la saisie ait été pratiquée.

La famille de Lucia s'éteignit d'une manière profondément triste ; un romancier naturaliste pourrait y trouver le sujet d'une œuvre empoignante.

La mère mourut en 1818 ; elle avait en 1801 marié Adélaïde ; il y avait une très grande disproportion d'âge ; le mari rendit sa femme malheureuse ; elle finit par perdre la raison [1]. Au moment de son mariage, elle n'avait pas encore d'état-civil ; elle fut adoptée par sa grand'mère le 14 prairial an XIII. L'infortunée eut la douleur de voir sa mère dans la misère : Marguerite dut plaider contre le mari de sa fille qui lui refusait une pension alimentaire.

---

confisqués comme les biens des condamnés. Si Lucia se fût empoisonné on aurait pu pratiquer la saisie ; les actes d'accusation n'ayant pas une date bien certaine, Fabre n'aurait pas manqué de faire ressortir les difficultés qui résultaient du suicide.

Si Fabre a bien compris ce qui lui a été dit, on voit qu'à la fin de la Terreur on était bien près d'étendre la loi de confiscation aux gens qui mouraient en état d'arrestation et, chose plus curieuse encore, de les juger après leur mort.

Cette résurrection d'une procédure du moyen-âge est une chose bien digne d'être notée. Ce ne serait pas d'ailleurs le seul emprunt que les rénovateurs auraient fait aux *mauvais usages des temps d'ignorance*.

[1] Ou du moins on le prétendit, peut-être n'était-elle que faible d'esprit.

## X.

*Flexibilité de caractère de Lucia. — Il est le type d'une classe. — Sa culture intellectuelle.*

Lucia ayant été le personnage le plus important de cette période, il n'est pas inutile de compléter cette notice par une étude psychologique de sa correspondance. Nous ne nous occuperons pas de juger l'homme politique ; nous le considérerons comme un type social.

Lucia avait été secrétaire de l'ordre de la noblesse du Roussillon. Dans ses lettres écrites de Paris il affecte un grand enthousiasme révolutionnaire. Le 7 ventose : « Les *malveillants* rendent ici les subsistances un peu « rares, mais ils seront déjoués, les républicains ne « tomberont pas dans le piège : du pain, des pommes « de terre et la liberté, voilà ce que nous voulons..... « Nous verrons bientôt luire pour nous l'aurore du « bonheur que nous avons préparé pour nos enfants. » Le 3 germinal : « Vive la République, malgré les per- « sécutions que font éprouver à quelques gens de bien « des intrigants revêtus du manteau de patriotes. On « les démasque bien ici ; ils vont recevoir la peine due « à tous leurs forfaits. Le peuple de Paris se montre « digne de la liberté... La Convention est dans l'atti- « tude qui lui convient, *juste*, majestueuse et faite « pour inspirer le respect. » Le 8 : « On se débarrasse « ici de tous les conspirateurs et de tous les traîtres ;

« plût à Dieu que l'on en fît autant dans toute la
« république ; nous serions tranquilles et l'on pourrait
« alors distinguer les vrais patriotes honnêtes gens des
« scélérats à gage couverts du voile du patriotisme. »
Le 27 : « On punit ici les contre-révolutionnaires à la
« satisfaction des bons patriotes. Le Comité de Salut
« public prend les mesures les plus vigoureuses et les
« plus sages ; les vertus, la probité sont à l'ordre du
« jour ; le règne des intrigants et des fourbes va finir. »
Le 7 floréal : « Les mesures révolutionnaires s'exécu-
« tent ici avec ponctualité. Nous avions besoin d'être
« délivrés de beaucoup de traîtres ; si quelques per-
« sonnes patriotes en souffrent, elles doivent faire ce
« sacrifice à l'intérêt général. »

On peut se demander si ce sans-culottisme n'est pas
un peu artificiel ; mais nous trouvons dans les mêmes
lettres des détails qui nous font penser qu'il est sincère.
Il envoie le 8 germinal, pour sa fille, un exemplaire
des épîtres et évangiles du républicain ; il dit de les
« lire tous les jours afin qu'elle s'accoutume de bonne
« heure à aimer sa patrie ; elle doit être la première
« divinité de l'homme libre... Dites-moi quelle sensa-
« tion son petit cœur éprouvera à cette lecture ; quoi-
« que le livre ne soit pas excellent, il est plein de
« bonnes maximes. » Huit jours après il envoie un
petit catéchisme républicain ; il recommande d'incul-
quer à sa fille les sentiments jacobins qu'il développe
dans sa lettre. « Qu'elle ne grandisse que pour aimer
« son pays, qu'elle prenne le goût des bonnes mœurs. »

L'examen de toute la correspondance de Lucia nous
montre qu'il était d'une nature extrêmement flexible,

se pliant avec la plus grande facilité à toutes les circonstances, toujours prêt à admirer tout ce qui plaît au pouvoir. Ce défaut était général à cette époque ; les Girondins apprirent à leurs dépens qu'il ne fallait pas compter sur les gens qui semblaient devoir être leurs fermes soutiens. Que de Montagnards acclamèrent avec enthousiasme l'Empire et devinrent enfin royalistes quand ils purent le faire sans compromettre leurs intérêts ! Nous pensons qu'ils étaient sincères dans leurs évolutions, n'ayant jamais eu de convictions à aucune époque : c'est ce qui excuse leurs palinodies.

Nous n'avons pas été peu étonné en lisant dans une histoire de la Révolution que le style et la science de Lucia procèdent de Voltaire et de Montesquieu [1]. On ne s'en douterait guère en lisant les extraits de sa correspondance que nous avons donnés. Rien ne ressemble moins au français de Voltaire que ce pathos bourré de lieux communs et vide d'idées.

Lucia, comme presque tous ses contemporains, *écrivait sans penser* et se leurrait avec des formules vagues et des images recherchées.

Il se complaît dans ce genre faux que Robespierre

---

[1] Cette thèse est affirmée par M. Vidal (tome III, page 74) qui ne fournit d'ailleurs aucune preuve à l'appui. La présence d'un écrivain de race à cette époque serait une chose si étonnante qu'il est nécessaire d'examiner à fond cette thèse. Nous avons déjà cité beaucoup de lettres de Lucia ; elles ne rappellent pas du tout le style de *Candide* ou celui des *Lettres persanes*. Qu'aurait dit Voltaire s'il avait lu cette phrase digne de Joseph Prudhomme : « La municipalité pourra joindre à la confiance, qui est la première « des autorités, celle des bayonnettes. » ? (Lucia au Ministre de l'Intérieur, 4 avril 1793), ou encore : « L'homme public est sans cesse « sous le glaive du soupçon. » (Lucia à Fabre, administrateur, 11 septembre.)

a poussé à la perfection, que l'on employait encore, il y a cinquante ans, dans quelques cours d'assises.

Nous renonçons à relever dans la correspondance de Lucia les expressions qui étaient courantes, comme les satellites du despote castillan, les esclaves, la terre de la liberté, et autres figures qu'on était arrivé à employer couramment.

Les épithètes jouent un grand rôle dans cette basse littérature. Dagobert est un *patriote électrique*, les officiers sont *encroûtés d'ancien régime*, le général Montredon est *encroûté de plusieurs couches d'ancien régime*, les désorganisateurs [1] sont une *vermine née de l'union impure du fanatisme* [2] *et de l'ancien régime*.

Les Espagnols sont des *brigands soldés par un despote aussi ennemi de la liberté que de la raison;* une autre fois ce sont les *barbares conquérants du Mexique, injustes, inhumains, parce que le fanatisme leur tient lieu de raison et de droit public.* Ils violent les *asiles sacrés* [3] *où la vertu et l'innocence cherchent à se dérober à leurs regards.* Un autre jour ce sont des *scélérats à chapelets.*

Le 9 mai il mande au Comité que les *patriotes ont endossé leur armure* et qu'ils ne seront pas les *derniers* au champ d'honneur [4].

---

[1] A cette époque tous les malheurs sont toujours imputés aux *désorganisateurs*.

[2] *Fanatisme*, dans le langage du temps, veut dire religion.

[3] Nous avons fait de vains efforts pour comprendre.

[4] Il s'agit du 4e bataillon formé des *patriotes les plus distingués;* ce bataillon ne rendit guère de services.

Trois jours après la bataille de Perpignan il écrit au général de Flers (qu'il a déjà dénoncé) ; « Puissiez-vous renouveler souvent les journées du 17 ;... *nous entonnerons alors en commun le cantique de la fraternité.* »

Il existe plusieurs lettres de Lucia à Dagobert, qu'il est utile de consulter. Pendant longtemps, malgré les avances du procureur-général-syndic, leurs relations paraissent avoir été froides. Le 1er septembre il lui écrivait : « Vous voilà sur une terre d'esclaves, qui, « grâce à votre courage, va voir s'élever dans son sein « l'arbre sacré de la liberté. Salut au brave Dagobert « de la part de tous les vrais républicains... *J'aime la* « *République et je vous aime.* »

Jusqu'en octobre ces lettres portent l'en-tête « *Citoyen général,* » ce qui n'implique pas une grande familiarité. Le 7 octobre Lucia écrit : « *Mon cher et* « *respectable général.* » Dagobert lui a fait envoyer un fusil espagnol; l'aide-de-camp Chrétien lui a écrit[1] : « Le général me charge, mon cher ami, de vous faire « passer le fusil que le porteur vous remettra, de vous « souhaiter le bonjour de sa part et de vous demander « de *vos*[2] nouvelles. Nous entendons le canon depuis « trois jours et nous ne savons rien. »

---

[1] M. Vidal, qui n'a connu que la réponse de Lucia, dit que Dagobert avait écrit à celui-ci. Cet auteur dit que Dagobert a loué le procureur-général-syndic (Tom III, page 82); mais M. Vidal ne donne aucune preuve à l'appui de son dire. Nous n'avons rien trouvé non plus qui soit de nature à confirmer cette appréciation. Nous croyons qu'il n'existe aux archives aucune lettre de Dagobert.

[2] Le contexte montre bien qu'il s'agit des nouvelles de l'armée du Roussillon et non des nouvelles *personnelles* de Lucia.

A cette lettre assez banale, Lucia répond par un grand mouvement d'éloquence. Il a fait graver le nom de Dagobert sur le fusil, et, avec cette arme, il sera invincible. Il lui dit enfin : « Je n'ai qu'un cœur et « une plume à vous offrir, mais ils sont purs l'un et « l'autre et n'ont jamais été employés qu'à défendre « la cause de la justice et de l'égalité et doivent vous « être chers à ce titre. Si je trace un jour les événe-« ments de la campagne de 1793 dans le ci-devant « Roussillon, le nom de Dagobert y figurera comme « celui d'Hercule dans l'histoire ancienne ; vous avez « l'un et l'autre nettoyé les écuries d'Augias et écrasé « l'hydre de Lerne. »

On aimait alors beaucoup à parler d'Hercule ; à la fête du 10 août 1793, à Perpignan, figurait un jeune homme habillé en Hercule.

Mais la défaveur de Dagobert augmente et l'enthousiasme de Lucia diminue. Le 14 octobre il lui envoie une lettre pleine de consolations banales au sujet des difficultés qu'avait éprouvées le vieux *caporal*, arrêté dans sa marche par Cassanyes, qui ne lui permit pas d'aller à la Seo d'Urgell. Il regrette qu'on *jalouse les succès* de Dagobert, mais il faut se soumettre à l'autorité. Il termine par cette pointe à la Trissotin [1] : « Je

---

[1] M. Vidal (Tome III, pages 75 et 76) cite en partie ces deux lettres comme des *modèles de style*, mais il omet ce qu'il y a de plus beau et de mieux réussi. Ces lettres nous paraissent de nature à faire douter sérieusement des sentiments royalistes que Fervel attribue à Dagobert.

Beaucoup d'officiers de ce temps étaient accusés de royalisme ; il suffisait pour cela qu'ils eussent manifesté le sentiment de l'honneur militaire, ou qu'ils fussent un peu indépendants. Turreau montra à

« doute que l'ennemi quitte le Boulou à moins qu'on ne
« l'y force. Ceci n'est qu'une *présomption* ; ce qui est
« une *certitude* c'est l'amitié que je vous ai vouée. »

Lorsque Lucia veut s'élever aux grands effets, il est tout à fait amusant. Dans sa proclamation du 15 juillet il dit : « Les petites passions, qui divisent les hommes,
« ressemblent au limon impur, qui croupit au fond des
« eaux ; dès qu'on le remue, il en trouble la surface ;
« le laisse-t-on dans sa place naturelle, quelques ani-
« maux immondes s'y cachent, mais une source pure
« coule paisiblement et offre aux voyageurs une onde
« bienfaisante qui les désaltère. Tel est l'emblème de
« l'état actuel de la République. Ne nous occupons
« plus des ombres qui vont disparaître et dont le
« remords et la postérité nous vengeront ; mais
« embrassons avec transport la divinité consolatrice
« qui va verser sur nos plaies un baume salutaire. La
« constitution va nous donner la paix et nous laisse-
« rons à nos enfants liberté, égalité, sûreté proprié-
« taire ; nous serons à ce prix dédommagés de nos
« sacrifices et l'Europe étonnée dira quelque jour, en
« nous imitant : « Les Français étaient dignes par leur
« courage et leur confiance de servir de modèle à..
« l'Univers. »

Il excelle dans le pathétique. Le 5 juin il écrit au Ministre : « Nous ne regretterons pas la vie, si nous

---

Kléber une lettre du Comité qui l'engageait à se défier de lui et de Haxo comme de royalistes. (Wallon. *Les représentants du peuple.* Tome 1, page 176).

Le nom de *caporal* que nous donnons ici à Dagobert, était un sobriquet par lequel on le désignait couramment à cette époque.

« pouvons espérer que l'Espagnol ne souillera pas notre
« cendre de ses pas impurs. » Le 21 août au Comité
de Salut public : « Connaissez-vous un plus grand
« supplice, pour un républicain, que de songer qu'il
« peut dans quinze jours être privé de sa liberté et
« recevoir en échange l'*inquisition*, le fanatisme,
« l'ignorance et tous les maux que ces trois fléaux
« entraînent à leur suite. Cette idée est déchirante ;
« quant à moi, *sous le fer des assassins et des bour-*
« *reaux*, je crierai encore avec transport : Vive la
« République une et indivisible. »

Il est difficile de se montrer plus ampoulé et plus
ignorant. Alors comme aujourd'hui beaucoup des
apôtres des lumières étaient sans instruction solide. On
doit s'étonner qu'un homme éclairé craignît l'inquisition [1] à la fin du XVIII° siècle ! On comprend à la
rigueur cette peur chez le clergé constitutionnel.

Le 7 août il écrit à Cassanyes au sujet de la prise
d'Eüs : « Le passant, qui parcourra la route du

---

[1] Dans sa lettre du 12 janvier 1793 il disait au Ministre de l'Intérieur que plusieurs paroisses étaient plus heureuses depuis qu'elles
n'avaient plus de curés. « Puissions-nous dans un pays qui *au*
« *milieu du dernier siècle était encore tourmenté du démon de*
« *l'inquisition*, ne compter bientôt que des apôtres de morale, de
« philosophie, qui ne réclameront d'autre salaire que les bénédictions
« des peuples. »
Il semble donc que Lucia croyait réellement aux persécutions
faites par l'inquisition au XVIII° siècle en Roussillon, ce qui ten-
drait à prouver qu'il ne connaissait pas le premier mot de l'histoire
de la province. Peut-être était-ce une figure de rhéthorique, car en
1793 on disait souvent dans les clubs qu'avant 1789 la France était
opprimée par l'inquisition.
Remarquons en terminant que les apôtres de la philosophie en
1793 se faisaient payer : la question des traitements revient à chaque instant dans la correspondance administrative de l'époque.

« Conflent, dira un jour avec admiration : Voilà un
« village qui fut détruit en 1793 par le fanatisme
« espagnol; parce que les habitants avaient préféré la
« liberté aux fers dont on voulait les couvrir. La
« patrie en reconnaissance a fait relever leurs maisons.
« On s'arrêtera *par respect* devant leurs demeures et
« ce *pèlerinage* vaudra bien celui de toutes nos
« madones heureusement abandonnées. »

Il faut se borner, car la correspondance de Lucia est volumineuse. M. Vidal a publié beaucoup de ses lettres, mais il y en a beaucoup d'inédites ; dans presque toutes on trouve des chefs-d'œuvre.

La littérature de cette époque est empoisonnée par l'abus de formules générales et de déclamations placées à tort et à travers. Ecrivant le 2 avril à la municipalité d'Ille à propos de quelques troubles sans importance, Lucia s'élance tout d'un coup dans le genre héroïque ; au lieu de dire qu'il ira s'il le faut avec la force armée pour prêter main-forte au maire, il s'écrie : « Si vous
« avez besoin de secours, parlez; je volerai au milieu
« de vous, nous ferons parler la loi ;... le peuple,
« toujours bon, mais souvent égaré parce que des
« factieux l'environnent, nous écoutera, ou si l'aveu-
« glement était à son comble... nous périrons en
« faisant notre devoir et notre mort sera glorieuse [1]. »

[1] On sait qu'on n'a jamais tant abusé qu'à cette époque de la *mort* dans la littérature.
Lucia aime beaucoup à en parler ; nous avons cité déjà plusieurs exemples. Le 2 mars il écrivait au Consul de Barcelone de ne rien craindre des Espagnols surexcités et il lui en donnait cette singulière raison : « Nous ne pouvons perdre que la vie et nous sommes
« sûrs d'être vengés. »
Les littératures fortes ne traitent ces sujets qu'avec de grandes

Il continue en invitant le maire à venir à Perpignan rendre compte des événements.

Quelle tirade mélodramatique pour mander un maire à Perpignan ! les gens de ce temps ne savaient parler simplement, défaut tout naturel chez les hommes qui ne pensent pas.

Voici un exemple encore plus curieux, peut-être : un administrateur de la Haute-Garonne avait recommandé à Lucia deux ouvriers de Saint-Gaudens auxquels l'administration militaire devait de l'argent. Le 24 juillet il écrit qu'il s'est empressé de s'occuper de cette affaire et qu'elle est terminée ; mais il se croit tenu de rattacher sa conduite à une théorie ; il ne veut pas qu'on puisse penser qu'il a simplement agi pour rendre service à son correspondant ; il lui dit : « Ce « sont des ouvriers vivant de leur travail et qui « doivent avoir la préférence sur tous ces hommes « riches qui s'engraissent des dépouilles du trésor « national. Tels étaient mes principes sous l'ancien « gouvernement ; ils n'étaient alors qu'un beau rêve. « Grâce à notre heureuse régénération, ils ne trouve- « ront plus de contradicteurs. »

Dans sa correspondance, Lucia se montre toujours

---

précautions; la mort est, pour les grands penseurs, une chose grave et sainte et il n'est point permis d'en parler à tout propos. Le XVIII° siècle n'avait pas le respect et le culte de la mort. Durant la Terreur peu de gens moururent avec lâcheté, mais bien peu, aussi, eurent à leurs derniers moments une conduite vraiment admirable. Proudhon s'indigne avec raison contre M$^{me}$ Roland, qui ne peut s'empêcher de déclamer même en allant au supplice. « Bien « supérieure, à cet instant suprême, m'apparaît l'infortunée Marie-« Antoinette, montant à l'échafaud sans prononcer une parole, « sans verser une larme. » (*Justice*, 11$^{me}$ étude paragraphe XXIV. 1$^{re}$ édition).

frivole ; nous l'avons vu à l'œuvre à propos de la déclaration de guerre. Il ne semble pas qu'il ait notion de l'histoire, du droit ou de l'économie [1]. Dans sa lutte contre le clergé catholique, il reproduit tous les lieux communs que l'on trouve dans les brochures du temps ; il ignore jusqu'aux premiers rudiments de l'histoire ecclésiastique et du droit canon [2].

A cette époque il soutenait, comme les chefs du mouvement, qu'on n'en voulait pas à l'Église. En 1793 tout est changé, il écrit le 12 janvier au Ministre, qu'il ne peut lui fournir l'état des fondations pieuses. « La « plupart n'ayant pour objet que des messes, des « prières et *d'autres objets de cette nature, qui sont* « *passés de mode,* le District de Perpignan n'a pas

---

[1] Le *maximum* était particulièrement ruineux pour l'agriculture locale ; dans une note fournie au District de Perpignan, F. Tastu, procureur-syndic, établissait que les frais de culture s'élevaient par ayminate à 329 livres 10 sous, somme supérieure au prix de 4 charges de blé produites dans une année moyenne. Lucia écrivait le 31 juillet au Ministre de l'Intérieur : « Le pauvre a été si longtemps « esclave du propriétaire, qui le tenait enchaîné par le besoin à « ses caprices particuliers, qu'il est bien juste que, sous un gouver-« nement libre et populaire, il ait quelques moments de jouissance. » Il reconnaissait que le maximum n'était pas en rapport avec le prix de la main-d'œuvre, mais n'en proclamait pas moins cette loi bienfaisante. Le résultat fut une disette dont se plaignaient les représentants. Ils disent le 26 août qu'on ne trouve pas moyen d'approvisionner l'armée.

Lucia n'a pas moins d'enthousiasme pour les assignats, *la monnaie révolutionnaire* ; « sans elle nous serions redevenus les « esclaves des despotes. » Il recommanda le 7 octobre à l'administrateur Bernole d'y accoutumer les *fanatiques Cerdagnons*. La population était difficile à convaincre car le 9 juillet, Lucia faisait connaître au Département que les assignats de 5 livres se vendaient 22 à 25 sous.

[2] Tous les gens instruit du temps connaissaient encore le droit canon.

« cru devoir s'en occuper. On n'en parle aucunement
« ici et cette omission n'a point excité le moindre mur-
« mure. J'en ai écrit aux autres Districts ;... auraient-
« ils la même dose de philosophie ? je le désire et je
« l'espère... *L'État y gagne* et le fanatisme s'éteint. »

Cette lettre est bien caractéristique : aujourd'hui aucun fonctionnaire n'oserait écrire au Ministre de pareilles plaisanteries.

A la fin de l'année 1792 on ordonna de livrer aux ateliers de cartouches les parchemins provenant de la Cour des Comptes et autres institutions analogues. On en trouva à Perpignan de 60 à 80 quintaux. Lucia écrivait le 24 janvier 1793 : « Personne ne désire plus
« que moi que la philosophie anéantisse à jamais tous
« ces titres qui en ont si longtemps imposé à la crédulité
« populaire [1]. »

On a dû remarquer dans la correspondance de Lucia combien de fois il emploie des formules empruntées à la littérature ecclésiastique, *la sainte constitution, la pierre fondamentale contre laquelle se briseront les efforts liberticides, le giron de la constitution,* etc. Nous venons de parler un peu plus haut du pèlerinage laïque d'Eus ; dans une lettre du 31 juillet il écrit à Siau que : « Celui qui nous proposerait un roi,
« serait un monstre à nos yeux, fût-il l'envoyé de
« l'Être suprême. » Le même défaut appartient à toute la littérature de l'époque. Quelques extraits de l'*Écho*,

---

[1] Rappelons encore que Lucia fit brûler le 24 février (fête non prescrite par la loi) de vieux documents, ce que le procès-verbal rédigé sous sa direction (sinon par lui) qualifie *d'holocauste précieux au dieu de l'égalité.*

que nous avons rapportés, sont encore plus ecclésiastiques, mais ce journal était l'œuvre d'un prêtre.

Il est bien clair que Lucia ne procède ni de Voltaire ni de Montesquieu, il nous semble même qu'il devait les connaître bien peu et qu'il s'inspirait surtout des gazettes de ce temps. Il n'avait pas reçu une instruction très forte et il n'avait pas suppléé à ce défaut par de solides et fructueuses lectures. Il est assez curieux qu'il ne soit jamais arrivé à posséder cette élégante correction qui était si fréquente au xviii° siècle.

Nous l'avons déjà dit, Lucia était avant tout le type d'une classe ; les gens qui peuvent être employés comme types manquent naturellement d'originalité : il n'en a pas du tout. L'étude de ce personnage nous apprend très bien quel était l'état intellectuel de la haute bourgeoisie dans la province à la fin du xviii° siècle. S'il ne fût pas mort prématurément, nous l'aurions retrouvé fonctionnaire de l'Empire, comme son ami Letourneur et tant d'autres. L'indifférence religieuse et politique caractérise, en effet, la classe si nombreuse à laquelle appartenait Lucia.

Les Girondins du Roussillon ressemblent à tous ceux du reste de la France. Ils méritent l'indulgence de l'historien philosophe, mais c'est leur rendre un mauvais service que de vouloir en faire des grands hommes.

# TABLE DES MATIÈRES

### I.
Birotteau. — Opposition de Lucia aux Maratistes. — La déclaration de guerre. — Espérances d'une invasion en Espagne. — Désillusions. — Le gouvernement accusé de trahison........  3

### II.
Situation générale des Girondins. — Les événements de Toulouse. — Correspondance de Chambon. — Les cahiers de Bordeaux................................................................. 15

### III.
Réunion des électeurs de Perpignan. — Lucia prévient le Ministre. — Proclamations des 17 et 25 juin. — Velléités de résistance............................................................ 20

### IV.
Tactique habile des Jacobins. — Les représentants en mission à Perpignan. — Opinions de Bonnet et de Fabre............ 29

### V.
La Constitution du 24 juin. — Enthousiasme qu'elle provoque. — L'administration locale réprouve les idées fédéralistes. — Étalage de zèle.................................................... 36

### VI.
Influence des événements de Lyon sur la défense du département. — Arrêtés de Dubois-Crancé. — Réclamations de Lucia. — Il demande à se justifier........................................ 41

### VII.
Préliminaires de l'épuration. — Révocation des administrateurs girondins. — Difficultés de la réorganisation des Conseils du département............................................................ 47

### VIII.
Mesures révolutionnaires de Milhaud et Soubrany. — Arrestation de Sérane. — Lettre à Fouquier-Thinville. — Dignité de Sérane. — Dougados et Escalaïs................................ 54

### IX.
Causes de la fuite de Lucia. — Sa vie à Paris. — Ses souffrances morales et physiques. — Sa mort........................................ 63

### X.
Flexibilité de caractère de Lucia. — Il est le type d'une classe. — Sa culture intellectuelle.................................... 73

www.ingramcontent.com/pod-product-compliance
Lightning Source LLC
LaVergne TN
LVHW050601090426
83512LV00008B/1279